D1695885

Ulrich Kadelbach

Orthodoxie und Ukrainekrieg

Ulrich Kadelbach

Orthodoxie und Ukrainekrieg

Gerhard Hess Verlag

Ulrich Kadelbach

Orthodoxie und Ukrainekrieg

1. Auflage 2023

www.gerhard-hess-verlag.de
Printed in Europe

ISBN 978-3-87336-796-8

„Voll Güt‘ ist. Keiner aber fasset allein Gott“

Friedrich Hölderlin

Inhalt

Geleitwort

Erzpriester Radu Constantin Miron,
Griechisch-Orthodoxe Metropolie von Deutschland,
Vorsitzender der Arbeitsgemeinschaft
Christlicher Kirchen in Deutschland (ACK),
Ökumene-Referent

Der Kiewer Großfürst Wladimir schickt um das Jahr 988 Gesandte zu verschiedenen Völkern, um eine Religion für die Russen zu finden. Diese berichten über ihren Besuch in der Hagia Sophia in Konstantinopel: „Schließlich kamen wir zu den Griechen. Sie führten uns an die Stätte, wo sie ihrem Gott dienen, und wir wussten nicht, ob wir uns im Himmel oder auf Erden befänden: Denn auf Erden haben wir so etwas noch nicht erlebt und so wunderbares Geschehen niemals geschaut; es ist unmöglich, das alles zu beschreiben. Eines aber wissen wir: Mit jenen Menschen dort ist Gott; ihr Gottesdienst steht über dem aller anderen Völker. So etwas Herrliches können wir nicht vergessen; denn keiner der einmal Süßes gekostet hat, will danach noch Bitteres schmecken."

Diese bekannte Stelle aus der sogenannten Nestorchronik kam mir in den Sinn, als ich die Ausführungen von Pfarrer i. R. Ulrich Kadelbach las, der durch seine Studien in Griechenland und seine Reisen dorthin von der „Süße der Orthodoxie" gekostet hat. In vielen Veröffentlichungen hat er seitdem diese ökumenische Liebe zu unserer Kirche manifestiert und sich dadurch einen Namen gemacht.

Auch das vorliegende Buch, das sich auch mit den bitteren Dingen der Gegenwart auseinandersetzt, ist Frucht dieser kontinuierlichen wertschätzenden Begegnung mit der Orthodoxie. Möge es viele Leserinnen und Leser und eine weite Verbreitung finden.

Zugang

Die Betroffenheit über den Ukrainekrieg irritiert Gedanken, Weltanschauungen und Glauben. Nicht zuletzt die Russische Orthodoxe Kirche, insbesondere deren Patriarch Kyrill stellt die Rolle christlichen Handelns grundsätzlich in Frage. Ein dunkler Schatten legt sich über jegliches Vertrauen in den Auftrag der Kirchen, insbesondere der orthodoxen. Ich möchte einem „Freund-Feind-Denken" in simplifizierenden Schwarz-Weiß-Bildern wehren sowie falsche Vorurteile vermeiden. Dazu will ich eigene Erfahrungen und Erkenntnisse aus der orthodoxen Welt, vor allem aus der griechischen, ins Licht halten. Dabei bleibt es unerlässlich, auch auf die Stimmen der Literaten zu hören, deren freiheitliche Gesinnung eben auch orthodoxem Geist entsprungen ist. Schließlich gehören auch Eindrücke von der Mönchsrepublik auf dem Athos dazu, die einen besonderen Akzent mit ihren Asketen, Einsiedlern, Sonderlingen, Legenden, Reliquien und Wundergeschichten setzen. Obwohl ich großen Wert darauf lege, keine theologische Abhandlung vorzulegen, sondern versuche, mich mit Erzählungen und Anekdoten auszudrücken, sind doch einige systematische Kapitel aus Theologie und Geschichte erforderlich. Ganz sicher aber bleibt, dass sich orthodoxes Leben nicht der Erforschung, sondern im Wesentlichen nur der Erfahrung erschließt. Nach dieser erzählenden Darstellung dann noch ein Blick in einige andere orthodoxe Kirchen. Die Wahrnehmung der christlichen Orthodoxie im Westen begann eigentlich erst im letzten Jahrhundert. Der Impuls zur Gründung eines Ökumenischen Rates der Kirchen ging vom Patriarchat in Konstantinopel aus. Auch die Lehre vom Heiligen Geist und seiner Bedeutung für das Leben der Kirche ist zu einer großen Bereicherung in den westlichen Kirchen geworden.

Einige Kapitel sind meinen früheren Veröffentlichungen entnommen.

Von Angesicht zu Angesicht

Es war einmal vor langer Zeit ein Einsiedler mit Namen Makarios in der Wüste von Ägypten. Eines Tages entdeckte er einen Totenschädel in seiner Höhle. Wer bist du, fragte er ihn. Stöhnend gab der sein schreckliches Geheimnis preis: Ich bin im ewigen Feuer der Hölle. Nein, nicht die Hitze, nicht der Schmerz, nicht der Hass ist das Schlimmste. Wir sind aber alle Rücken an Rücken gefesselt, so dass wir nicht miteinander kommunizieren können. Das ist die größte Qual. Soweit die alte Legende. Aber sie sagt uns heute noch, dass das Leben nicht ohne Begegnung von Angesicht zu Angesicht, ohne Austausch, ohne Gespräch gelingen kann. Wo der Gesprächsfaden abreißt, bricht die Hölle los. Sprachlosigkeit kann tödlich enden. Diese bittere Wahrheit verbreitet sich gegenwärtig epidemisch. Und die Kirchen müssen dabei zu den vulnerablen Gruppen gerechnet werden. Die ein Jahrtausend alte Wunde der Kirchenspaltung zwischen Rom und Konstantinopel war gerade im Begriff, einem Heilungsprozess zugeführt zu werden. Und nun bricht dieselbe Krankheit an einer anderen Stelle wieder aus. Es scheint, als seien Russland und der Westen Rücken an Rücken gefesselt, sprachlos, ohne Kommunikation. Was sich über den Kalten Krieg hinweg bis heute erhalten hat, ist das politische Spannungsverhältnis. Die Entfremdung zwischen Russland und Westeuropa reicht weiter als bis Napoleon zurück. Diese Erkenntnis ist aber nicht nur eine politische Wahrnehmung, sondern eine Einsicht, die tief in die religiöse Wirklichkeit der Kirchen und ihrer Gläubigen hineinreicht. Der russische Patriarch Kyrill beklagt: „Alles wurde ohne uns gemacht. Ohne uns erfolgte die westeuropäische Renaissance des 16. Jahrhunderts. Fast ohne Teilnahme Russlands hat sich das Europa der Aufklärung herausgebildet. Und ohne die geringste Teilnahme Russlands vollzogen sich Reformation und Französische Revolution mit ihrer bekannten Erklärung der Menschen- und Bürgerrechte." Hier muss gefragt werden, ob Kyrills Geschichtsdeutung Klage oder Anklage ist. In beiden Fällen ist es ein Zeugnis des Kommunikationsverlustes. Die Russische Orthodoxe Kirche der Gegenwart jedenfalls wirft dem Westen Verrat an seinen christlichen Wurzeln vor. Da die kommunistische Sowjetunion sich nicht weniger weit vom christlichen Erbe entfernt hatte, ist das Aufatmen der orthodoxen Welt umso größer nach dem Ende der stalinistischen Diktatur. Am eindeutigsten hat sich Putin danach auf die Seite der Kirche gestellt. Vor allem in dessen dritter Amtszeit (2012–2018) wurde die Zusammenarbeit der politischen Führung mit der Kirche intensiv ausgebaut. Viele Gotteshäuser, Klöster und Ländereien wurden der Kirche zurückgegeben. Patriarch Kyrill rief die Gläubigen dazu auf, an den politischen Wahlen teilzunehmen. Sicher musste die orthodoxe Kirche in Russland nach dem Ende des Stalinterrors auf die alten Zeiten davor zurückgreifen. Das erklärt zu einem gewissen Teil deren Konservativismus. Es soll jedoch nicht verschwiegen werden, dass auch die Angst vor den Liberalisierungstendenzen im Westen und in den westlichen Kirchen zur Entwicklung einer russischen wie orthodoxen Identität beigetragen haben.

Bedeutungsperspektive

Die Zentralperspektive in der Malerei ist die große Entdeckung der Renaissance. Wie stolz waren die Maler, glaubten sie doch, diese Sichtweise erfunden zu haben. Sie haben sie zwar nur wieder entdeckt, ihr aber doch eine so wichtige Bedeutung beigemessen, dass diese Darstellungsweise die folgenden Jahrhunderte aller westlichen Malerei beherrschte. Was sich nicht an dieser Zentralperspektive orientierte, galt als naive Malerei. Dabei aber entspricht diese Sichtweise keineswegs den realen Größenverhältnissen. Ein Berg ist und bleibt größer als ein Mensch, selbst wenn er sich in der Ferne befindet. Das menschliche Auge ist so geschaffen, dass es zum Horizont hin alles verkleinert. Unser Verstand weiß zwar um diese Verkürzung der Sinne, aber er handelt oft genug nicht nach den wahren Größenverhältnissen. Weil etwas weit weg ist und uns deshalb klein erscheint, halten wir es oft für unbedeutend oder unwesentlich. Ganz anders stellt die Ikone die Größenverhältnisse dar. Die Ikonenmaler nennen das Bedeutungsperspektive. Was wichtig ist, wird groß dargestellt. Das Unwichtige entsprechend klein. So nimmt die Seele wahr, nicht das Auge. Antoine de Saint-Exupèry schrieb: „Man sieht nur mit dem Herzen gut."(Der kleine Prinz, Kap. XXI) Vielleicht haben wir durch die konsequente Anwendung der Zentralperspektive das Maß für wirkliche Größe verloren. Dazuhin kommt die perspektivische Verzerrung, die unbeirrt davon ausgeht, man selbst stehe immer im Mittelpunkt. Wir nehmen unser sinnliches Hinken schon gar nicht mehr wahr, wobei wir doch bei unserem Sehen ständig auf Krücken wie Fernrohre und Mikroskope angewiesen sind. Die Ikonographie hat sich von diesem vermeintlichen Fortschritt der Renaissance nicht beeinflussen lassen. Sie ist ihrer Sichtweise treu geblieben und das ganz sicher nicht nur aus Traditionalismus, sondern aus dem tiefen Wissen, dass die menschlichen Sinne nicht immer fähig sind, hinter dem Bild das Wesen zu erkennen. Die moderne Malerei im Westen scheint dies auch wieder entdeckt zu haben. So sagt Paul Klee: „Kunst gibt nicht das Sichtbare wieder, sondern macht sichtbar." Und wie kümmerlich wäre es um die menschlichen Visionen bestellt, wenn man den Horizont als den Rand der kleinsten, gerade noch wahrnehmbaren Wirklichkeit ansehen würde. Visionen müssen den Horizont überschreiten. Die Ikonen sind wie Vergrößerungsgläser dieser Wirklichkeit.

Wie wichtig ist es gerade in unseren Tagen, die Welt nicht nur danach zu beurteilen, wie weit die Dinge von uns entfernt sind. Wir erfahren derzeit, dass uns gerade das, was wir für weit entfernt hielten, besonders nahe gerückt ist. Die Weltgeschichte ist in unsere Wohnzimmer eingedrungen. Es entstehen Zerrbilder der Wirklichkeit, weltpolitisch wie religionspolitisch. Die gegenwärtige nationalistische Haltung der Russischen Orthodoxen Kirche im Ukrainekrieg sollte nicht mit der gesamten orthodoxen Welt in eins gesetzt werden. Der Friedensauftrag Christi ist und bleibt in allen orthodoxen Kirchen zentrales Gebot. Ich möchte in den gegenwärtigen Schatten mit meinen Erlebnissen und Erkenntnissen etwas von dem „Phos hilaron", dem „freundlichen Licht" der orthodoxen Welt hinein spiegeln. Um es noch deutlicher zu sagen: Ich möchte dazu beitragen, dass aufgrund der gegenwärtigen politischen Situation in Europa, in der die Russische Orthodoxe Kirche in eine verhängnisvolle Rolle gedrängt wurde, keine Schatten auf die gesamte Orthodoxie fallen, deren Beitrag für die weltweite Christenheit sehr bereichernd und unverzichtbar ist.

Die Russische Orthodoxe Kirche im Ausland

Die ROKA, wie die Russisch-Orthodoxe Auslandskirche abgekürzt genannt wird, wurde von Exilanten außerhalb Russlands nach der Oktoberevolution 1917 gegründet. Es waren Gemeinden von Geflüchteten, die ihr Land wegen der kommunistischen Christenverfolgung verlassen mussten. In den 1920er Jahren brach dann auch der Kontakt zur Kirchenleitung in Russland ab. Die im Ausland lebenden Russen warfen dem Moskauer Patriarchen vor, er stehe dem sowjetischen System zu nahe, und die Kirche sei teilweise vom KGB, dem russischen Geheimdienst unterwandert. Vor allem der sogenannte Sergianismus wurde verurteilt, das ist die zu große Loyalität des Moskauer Patriarchats in der Person des Metropoliten Sergij Strangorodskij gegenüber dem Sowjetstaat. Ab 1927 verwaltete sich die Russische Orthodoxe Auslandskirche selbst. Weltweit gibt es 450 Gemeinden dieser Auslandskirche. Die größte Diözese der ROKA ist die von Berlin und Deutschland. Sie ist auch die älteste. Das hat nicht zuletzt darin seinen Grund, dass die Auslandsbeziehungen Russlands durch Heiraten von Zarentöchtern in westliche Herrschaftshäuser begründet waren. Hier ist insbesondere Württemberg zu nennen, wie oben gezeigt. Insgesamt gibt es in Deutschland über 70 aktive russisch-orthodoxe Gemeinden.

Die Wiedervereinigung der ROKA mit der Kirche des Moskauer Patriarchats ging von der Auslandskirche aus. Sie strebte seit dem Umbruch der 1990er Jahre eine Wiederherstellung der kirchlichen Einheit an. 2003 begannen die offiziellen Gespräche. Im Mai 2006 war es dann endlich soweit: Die Auslandskirche beschloss auf ihrem IV. Bischofskonzil die Aufhebung der Kirchenspaltung und Wiederherstellung der kirchlichen Einheit. Am 17. Mai 2007 unterzeichneten beide Kirchenoberhäupter, Patriarch Alexius II. und Metropolit Laurus (Lavr) den „Akt der kanonischen Gemeinschaft". Die Auslandskirche unterstellte sich damit der Jurisdiktion des Moskauer Patriarchats, aber als selbstverwaltete, weitgehend selbstständige Kirche. Am 30. Mai 2022 nannte Metropolit Mark von der Auslandskirche den Krieg gegen die Ukraine ein Verbrechen und verlangte den „sofortigen Abzug der russischen Truppen." Auch die Ukraine habe große Fehler gemacht, etwa das Verbot der russischen Sprache im Unterricht. Das aber könne keinen Krieg rechtfertigen.

Orthodoxe Gastarbeiter

Am 15. Februar 1978 schrieb der Leiter des Heilbronner Standesamtes an den Evangelischen Oberkirchenrat in Stuttgart: „Bei uns sprechen immer wieder Jugoslawen vor und möchten ihren Austritt aus der evangelischen Landeskirche erklären. Im Laufe des Gespräches stellt sich dann heraus, dass sie der orthodoxen Kirche von Serbien, Bosnien, Slowenien usw. angehören. Bei unseren Recherchen ergibt sich dann immer wieder, dass diese jugoslawischen Staatsangehörigen infolge von Verständigungsschwierigkeiten bei ihrer ersten Anmeldung in der Bundesrepublik entweder als evangelisch oder katholisch erfasst werden. Diese Eintragung wird dann auch auf die Lohnsteuerkarte übernommen und die ausländischen Arbeitnehmer jugoslawischer Staatsangehörigkeit zahlen mitunter über Jahre Kirchensteuer im Lohnabzugsverfahren ... „Wir bitten Sie deshalb um die Gefälligkeit, uns darüber zu informieren, ob es sich bei der orthodoxen Kirche in den einzelnen jugoslawischen Föderationen um eine eigenständige Kirche handelt oder ob sie der römisch-katholischen Kirche angehört." Solch amtlicher Unkenntnis ist mit Nachsicht zu begegnen, zumal sie schon im Vorfeld auf höherer Ebene existierte. Als die ersten Gastarbeiter zu uns kamen, musste zuerst die soziale Zuständigkeit für die Fremden geregelt werden. Für Italiener und Spanier sollte nachvollziehbar die katholische Kirche zuständig sein. Da es zu jener Zeit so gut wie keine Orthodoxen hierzulande gab, wurde die soziale Betreuung der orthodoxen Griechen mangels besseren Wissens der evangelischen Kirche zugewiesen. Da die Jugoslawen aus einem kommunistischen Land kamen, hat man sie zunächst kurzerhand der Arbeiterwohlfahrt anvertraut. Die katholische Kirche delegierte diese Aufgabe an die Caritas, die evangelische entsprechend an das Diakonische Werk. Es wurde ein langwieriger und zögerlicher Weg, bis aus der ambulanten Beziehung zu den christlichen Hilfskräften aus dem Ausland eine stationäre Begegnung mit Glaubensbrüdern und -schwestern wurde. Zum entscheidenden Impuls einer solchen Neuorientierung wurde eine Tagung in der Orthodoxen Akademie Kretas. Sie wurde vom Diakonischen Werk der Württembergischen Landeskirche und der Evangelischen Akademie Bad Boll unter dem Thema „Lebendige Orthodoxie – Heimat unserer griechischen Mitbürger" vom 1. bis 15. Mai 1976 durchgeführt. Das reiche geistliche und liturgische Leben in der griechischen Gesellschaft beeindruckte die Teilnehmer nachhaltig. Vor allem auch die Tatsache, dass Profanes und Religiöses nicht zwei vollkommen getrennte Bereiche der dortigen Wirklichkeit sind, sondern sich gegenseitig durchdringen. An Ostern lockt in der weihrauchdurchfluteten Kirche schon der Duft des draußen gegrillten Lamms. Und aus der Kirche weht der Weihrauch zum Festmahl. Auf unsere Frage, wo er den größten Unterschied zwischen westlicher und orthodoxer Frömmigkeit sehe, antwortet ein Priester: „Euer Luther sagt: ‚*Wir* sollen Gott fürchten und lieben. ‚Im Evangelium aber steht: ‚Gott liebt *uns*'." Die Tagung befasste sich in erster Linie mit dem Schicksal der aus Deutschland inzwischen wieder nach Griechenland zurückgekehrten „Remigranten". Der kretische Akademiegründer, Metropolit Irenaios: „Die Auseinandersetzung mit Ihrem (deutschen) Volk, Ihrem Glauben, kann unserem Land ein Stück Erneuerung bringen über die Heimkehrenden." Zu der Hauptveranstaltung waren mehrere hundert griechische Rückkehrer in die Akademie gekommen. Der seinerzeit weltbekannte griechische Schauspieler Manos Katrakis hielt die Festrede. Die Situation erinnere ihn an die Heimkehr des „Verlorenen Sohns". Nur ginge es im Evangelium völlig anders zu als im Leben der Remigranten. Der Vater Staat habe sie einst ins Ausland geschickt, um Devisen ins Land zu bringen, aber jetzt bei ihrer Rückkehr würde er sie nicht mit offenen Armen empfangen und schon gar kein Festmahl ausrichten. Der verlorene Sohn im Gleichnis dagegen werde vom Vater geherzt und zum Festmahl geladen.

Immer wieder wurde im Verlauf der kretischen Tagung auf das strenge Festhalten der Orthodoxen an der Tradition hingewiesen. Das aber sei ein Weitergeben, kein Festhalten. Tradition nicht Konservierung. Man gibt nur das seinen Kindern weiter, was man selbst als hilfreich und gut erkannt und erlebt hat. Ein orthodoxes Gleichnis aus dem Nahen Osten: Warum gedeiht das Leben im und um den See Genezareth so üppig, und das im Toten Meer erstickt, wo doch beide vom Jordan gespeist werden? Der See Genezareth gibt großzügig sein Wasser weiter, das Tote Meer aber hat keinen Abfluss, es behält alles für sich, versalzt, verbittert und erstirbt. Immer wieder hört man hierzulande den Vorwurf, der Orthodoxen Kirche mangele es an sozialem Engagement, sie sei in erster Linie auf Bewahrung ihres großen patristischen Erbes bedacht. Nicht zu Unrecht, wie Johannes Chrysostomus bezeugt: „Dem Hungernden gehört das Brot, das du hast, dem Nackten das Kleid, das du in Schränken aufbewahrst, dem Barfüßigen der Schuh, der bei dir verkommt, dem der es braucht, das Silber, das du vergraben hast. So vielen tust du Unrecht, so vielen hättest du geben können." Ein Appell aus dem 4. Jahrhundert – aktueller denn je.

Das konkrete Ergebnis dieser Tagung auf Kreta war die Einrichtung von zwei Remigrationszentren in Athen und Thessaloniki.

Bis vor wenigen Jahren leisteten diese im Wesentlichen von der EKD finanzierten Einrichtungen eine enorm wichtige Hilfe bei der Rückgliederung griechischer Gastarbeiter aus dem westlichen Europa. Nicht weniger wichtig aber dürfte die bleibende Erkenntnis aus dieser Begegnung gewesen sein, dass der geistliche Reichtum der Orthodoxie dem kirchlichen Leben hierzulande neue Impulse geben kann. Professor Felmy auf einem Nachtreffen zu dieser Tagung auf Kreta: „Nur wenn sich die Überzeugung durchsetzt, dass die Abendländische Christenheit auf das Zeugnis der Orthodoxen Kirche angewiesen ist, wird eine sinnvolle Gemeinschaft wachsen können.“ Dies kann aber nur geschehen, wo man einander mit Respekt und gegenseitiger Wertschätzung begegnet, auf Augenhöhe eben. Vermutlich ist auch die am 31. Oktober 1978 von Metropolit Irenaios und Prof. Schober in Stuttgart unterzeichnete „Gemeinsame Erklärung der griechischen Orthodoxen Metropolie von Deutschland und des Diakonischen Werkes der Evangelischen Kirche in Deutschland“ von der kretischen Tagung wesentlich beeinflusst: „Die Pflege der Gemeinschaft und der brüderlichen Zusammenarbeit im Alltagsleben der Kirchen ist die vordringliche Aufgabe im ökumenischen Annäherungsprozess unserer Kirchen. Bei der Übernahme der sozialen Dienste für die orthodoxen Griechen durch das Diakonische Werk waren die Voraussetzungen für eine solche Kooperation noch nicht vorhanden.“

Die kretische Tagung ist noch nicht die Geburtsstunde, aber die „Konzeption“ des „**A**rbeits**k**reises **O**rthodoxe Kirchen“ (AKO). Der logos spermaticos ist zwar eine agile Bewegung, die jedoch in eine langwierige Trächtigkeit bzw. Trägheit mündet. Als Geburtshelfer standen Oberkirchenrat Walter Arnold und Kirchenrat

Hans Mayr, der ja auch mit auf Kreta war, bereit, wohl wissend, dass es sich dabei zumindest zu Anfang noch um ein spiegelglattes Terrain handelt. Die erste Sitzung ist wie folgt in Arnolds Brief vom 12. Januar 1979 dokumentiert: „Am Freitag, 8. Dezember 1978 fand im Dienstgebäude des Oberkirchenrats die erste Zusammenkunft der ‚Freunde der Orthodoxie' unter den Theologen der Landeskirche statt. Die durch das starke Glatteis bedingten Verkehrsbehinderungen haben es leider bewirkt, dass mehrere aus unserem Kreis, darunter Pfarrer Dr. Mayr und ich selbst, zu dieser Sitzung zu spät kamen oder gar nicht kommen konnten." Ich durfte mich fürderhin Gründungsmitglied nennen, welche Ehre mir bis heute anhaftet.

Kontaktstudium

Traum, Ziel aller Wünsche, Vollendung, Höhepunkt. Es bedarf keiner großen Fantasie, solche Gedanken nachzuempfinden. Es gab zwar keine Formulare, d. h. keinen Vorgang zu einem solchen Unternehmen, aber der Oberkirchenrat genehmigte meinen Antrag auf ein Kontaktstudium in Thessaloniki. Selbstverständlich habe ich Frau und Kinder mitgenommen. Nach fast einem Jahr Vorbereitung musste der herrliche Traum schließlich der rauen Wirklichkeit weichen. Schon bei der Einschiffung mit dem VW-Bus in Ancona stehen die Zeichen auf Sturm. Die Überfahrt ist zum K... (diesmal wörtlich). Die Adria benimmt sich wie eine pubertierende Bergziege in der Badewanne. Ein süßsaures Grinsen verschneiter Berge begrüßt uns in Hellas. Delphi – einst der schwefeldämpfige, heiße Nabel der Welt – zeigt uns nur die kalte Schulter. Pfui Delphi – so benimmt man sich nicht bei der Begrüßung hellenophiler Schwärmer. Jetzt kann es nur noch besser werden. Es wird „besser": Zwei verschneite Pässe in Mittelgriechenland. Das einzig Atemberaubende und momentan Faszinierende sind die von Frostaufbrüchen durchfurchten Straßen.

Inzwischen kann uns nichts mehr beeindrucken. Den Olymp lassen wir einfach links liegen. Wir müssen (dürfen) ja nach Thessaloniki. Bei der Einfahrt in diese hektische Stadt scheut unser VW-Bus wie ein Ackergaul vom Ries, der zum ersten Mal in die Landeshauptstadt kommt. Rechts überholen, links parken, mitten auf der Straße anhalten. Die Scheuklappen braucht hier nicht das Pferd, sondern der Kutscher. Und siehe, es geht! Am besten sind Kopfhörer, um sich nicht bei jeder zugefügten oder empfangenen Macke in Makedonien zu empören. Langsam, sehr langsam verwischen sich die Spuren der Wirklichkeit wieder und die Rudimente des anfänglichen Traumes fügen sich zu jenem Bild zusammen, das wohl in jeder mitteleuropäischen Seele schlummert: Sonne, Gastfreundschaft, Meer, Herzlichkeit, Wein und der ewig junge Hauch der Antike. Erst auf dem Hintergrund dieses Traums finde ich mein inneres Gleichgewicht und den eigentlichen Grund meines Hierseins wieder: Das Studium der orthodoxen Theologie an der Aristoteles-Universität in Thessaloniki. Im Gegensatz zu allen Unkenrufen gibt es keinerlei Formalitätsprobleme. Mein Status als Gasthörer öffnet mir alle Einrichtungen der theologischen Fakultät. Aber das Eindringen in die Orthodoxie scheint etwas anderes zu sein als ein Theologiestudium an einer westlichen Universität. Theologie, richtig betrieben, ist nichts Intellektuelles, sondern etwas Existenzielles. Erkenntnis und Erlebnis gehören zusammen. Das scheint der Schlüssel für mein weiteres Studium zu sein. Mir war von vornherein klar, dass sich das Wesen der Orthodoxie nie allein gutwilligem Fleiß erschließen würde, sondern eher bereit ist, sich einem offenen Herzen zu offenbaren. Die eigentliche Quelle eines lebendigen Glaubens und theologischen Denkens ist und bleibt die Liturgie. Sie ist so etwas wie der Schnittpunkt der Zeiten und Dimensionen und zugleich eine Kreuzung aller Wege zu Gott. Sie ruft den Einzelnen heraus und stellt ihn zugleich in die Gemeinschaft. Je länger desto mehr empfand ich jede Liturgie als Einladung. Ein ständig fließender Strom im Gegensatz zu unserem Gottesdienst, der eher punktuell, wie eine Quelle erlebt wird.

Doppeladler und Pfau I

In jeder griechischen orthodoxen Kirche ist der Doppeladler, das Emblem des allmächtigen byzantinischen Kaisers in großer Vielfalt gegenwärtig. Er prangt vergoldet auf dem Nummernschild der Metropoliten-Karosse und ist omnipräsent in jedem Gotteshaus. Über der Kanzel, an Stuhlbeinen, auf bischöflichen Thronen, am Ambos. Seine Krallen fassen Kandelaber, Schäfte und greifen die Säulen von Baldachinen. Seine Schwingen legen sich um heilige und weniger heilige Gefäße.

Und dann gibt es da noch den anderen Vogel, dem eine große geistliche Würde zukommt. Es ist der Pfau. Er ist zwar nicht so häufig dargestellt wie der Doppeladler, aber spielt in der frommen Tradition eine herausragende Rolle. Nicht nur im Volk, sondern besonders in Klöstern und bischöflichen Gärten. Er symbolisiert mit seinem prachtvollen Gefieder den Glanz der Ewigkeit. Beiden gefiederten Mitgeschöpfen wird große Verehrung zuteil. Weltliche Macht und ewiges Bescheiden sind nicht nur in den orthodoxen Kirchen allgegenwärtige und häufig widerstreitende Befindlichkeiten. Wo eben der Adler gefüttert wird, scheint der Pfau zu darben.

Fenster zur Ewigkeit

In alle Ewigkeit hätte sie gerne ihre Hand so in der seinen liegen lassen. Er wunderte sich, dass sie so schnell ihre Scheu verloren hatte. Mit ihren schlanken weißen Fingern fuhr sie die Furchen in seiner großen Handfläche nach. Diese schüchterne, fast linkische Berührung schmeichelte ihm. „Warum hast du sie geküsst?“ Mit dieser forschen Frage unterbrach sie die Anmut des Augenblicks. „Ich habe nicht sie geküsst, sondern den Saum ihres Mantels“, meinte er und fuhr mit einer hochgezogenen Augenbraue fort: „So klein und schon eifersüchtig!“ Der mächtige orthodoxe Mönch mit dem so beruhigend schönen Gesicht hob seine kleine blonde Freundin, die wohl noch nicht einmal des Schreibens kundig war, nahm ihre Hand und ging mit ihr zur Bilderwand vor. Sie betrachteten gemeinsam die schöne alte Marien-Ikone. Wieder berührte er das Bild mit den Lippen. Diese herrlichen alten Bilder seien Fenster zur Ewigkeit. Kaum hatte er das gesagt, was er sonst auch zu allen Besuchern der Klosterkirche sagte, da empfand er diesen so feinsinnigen und hintergründigen Begriff „Fenster zur Ewigkeit“ als geradezu gewalttätig. Was sollte dieses kleine Geschöpf von irgendwo nördlich der Alpen mit diesem pathetischen Wort, belastet von einer Jahrtausende alten Glaubensgeschichte, anfangen? Wie gerne hatte er diesen Begriff oft ehrfürchtig ergriffenen Reisegruppen genüsslich unter die kulturbeflissene Nase gerieben. Was aber sollte das zutrauliche Kind mit diesem Lehrsatz der Ikonographie? Wie sollte er einem kleinen Mädchen von höchstens sechs Jahren die Ewigkeit erklären? Aber nichts konnte die Kleine jetzt von ihrem Wissensdrang abbringen. Ein Fenster hat er gesagt. „Wo geht das Fenster hin?“

Sie wollte hinter die Ikonenwand in das Allerheiligste rennen, wohin zu gelangen nur geweihten Personen vergönnt ist. Er hielt sie zurück und erklärte ihr mit einem Finger vor dem Mund, dass das verboten sei, aber dass sie beide das jetzt dennoch machen würden, es müsse aber ihr gemeinsames Geheimnis bleiben. Er riskierte jetzt alles, um nur der Frage nach der Ewigkeit zu entgehen. Der spannungsvollen Erwartung folgte bald die Ernüchterung im Allerheiligsten. Ob das die Ewigkeit sei. Als er seine kleine Freundin wieder in den Kirchenraum zurückgeführt hatte, war schließlich deren Interesse für Ewigkeit, Allerheiligstes und Ikonen vollkommen erlahmt. Mit roten Backen strebte sie dem Portal zu, den Geschwistern am Meer, den Eltern, dem Sand, dem Wind, der Sonne. Noch oft kam sie in den restlichen Ferientagen zu ihrem griechischen Freund auf den Klosterberg. Ihr Interesse galt aber nicht nur ihm, sondern immer und immer wieder der schönen Marien-Ikone mit dem Kind. Zuhause wäre sie an solchen Bildern sicher achtlos vorüber gegangen. Aber die Verehrung, die dieser große und starke Mann der Ikone entgegenbrachte, war für sie eine neue, fast beglückende Erfahrung. Wie sich's gebührt, hatte der Mönch diese Begegnung seinem Abt „gebeichtet“. Er wollte von dem gütigen und abgeklärten Alten eine weise Antwort auf seine drängende Frage: „Wie erkläre ich einem Kind, was ‚Fenster zur Ewigkeit‘ bedeutet?“ „Warum willst du's ihm erklären, warum machst du ihm das Fenster nicht einfach auf?“ Diese Antwort war eines Abtes wohl würdig: weise, theologisch richtig und seelsorgerlich gut. Dass er nicht selbst darauf gekommen war! Natürlich, darum geht‘s, um gar nichts anderes: Liebe üben, nicht nur predigen. Mit all seiner Freundlichkeit, zu der er nur fähig war, mit all seiner Güte, mit aller ihm eigenen mönchischen Gelassenheit, mit seinem ihm trotz Askese noch verbliebenen natürlichen Charme wollte er dem Mädchen aus fernem Land ein Fenster zur Ewigkeit aufmachen. Er saß in seiner Kirche und wartete. Heute zum ersten Mal kam sie nicht. Sie wird kommen, und ich werde es schaffen. Ich muss es schaffen. Das Fenster wurde in seiner Vorstellung immer größer, immer gewaltiger. Und Licht wollte da schon gar nicht mehr hereindringen. Überhaupt kam ihm seine ganze Kirche jetzt recht dunkel vor. Er vergaß den blauen Himmel draußen und das Licht, das die Zikaden singen macht. Aus dem selbstsicheren und beherrschten Gottesmann wurde ein kleiner, fahriger Fensterputzer. Bevor er sich eingestehen konnte, dass das alles doch eigentlich recht lächerlich sei, tat sich die große Tür der Kirche auf. Alles Licht, das schon fast einen ganzen Tag vor dieser Tür vergeblich gewartet hatte, schien auf ein Mal hereinzubrechen. Die Kleine hatte es wichtig. Mit einem Papier in der Hand stürmte sie auf den schwarz gekleideten Freund zu. Es war ein selbstgemaltes Weihnachtsbild mit einer Maria, die ihr Kind, ähnlich ihrem Vorbild auf der Ikone, im Arm hielt. Der Joseph dagegen hatte unverkennbar das Aussehen des Klosterbruders, seinen Bart, seine Kopfbedeckung und sein Mönchsgewand. Er wusste: Da ist ein Fenster zur Ewigkeit aufgegangen. Überall, wo Himmel und Erde wieder verwechselbar werden, geschieht das, nicht nur „mitten im kalten Winter, wohl zu der halben Nacht", sondern auch in der gleißenden Mittagssonne eines hochsommerlichen Mittelmeergestades.

Phos hilaron

Der Himmel breitet eine Decke über seine müden Geschöpfe. Dem goldenen Akkord des warmen Lichts fügt der Abendstern seinen silbernen Oberton ein. Lux aeterna, ewiges Licht in den vergehenden Tag. Aus der Klosterkirche dämmert das Abendgebet ins Zwielicht heraus. Das uralte Lied vom „freundlichen Licht", der Hymnus „Phos hilaron" („Heiteres Licht") vom herrlichen Glanze deines unsterblichen Vaters. Wir kommen beim Sinken der Sonne, grüßen das freundliche Licht des Abends. Sohn Gottes, Quelle des Lebens: Dich verherrlicht das ganze Weltall. Aus brüchigen Mönchsstimmen bereitet sich der Schöpfer sein Abendlob. Die flatternden Flammen der Kerzen in der Klosterkirche wetteifern mit den wehenden Schleiern des letzten Sonnenlichts. Gesänge begleiten die Krise des Tages und trösten die nachtscheue Kreatur. Fledermäuse und Traumgeister beginnen ihre Opfer zu orten. Der Mond beschwört den Abglanz der Sonne. Hunde rufen ihren Ahn, den Wolf, und in der Klosterküche beginnt die letzte Verschwörung gegen das Fasten für heute. Allabendlich, seit Christengedenken, ist der alte Simeon zu dieser Stunde eingeladen. Er singt sein Lied vom getrösteten Abschied, von der Erfüllung im Loslassen. Nun hat er die Hände frei, Gott in die Arme zu schließen.

Tradition und Gegenwart

Eigentlich müsste es heißen Tradition ist Gegenwart. Als Anspruch ist diese Relation zutiefst in der orthodoxen Kirche angelegt. Nicht nur, indem in Griechenland mehr Traditionen bewahrt wurden als vergleichsweise in den westlichen Kirchen, sondern noch mehr darin, dass die Gegenwart die Überlieferung wieder aufs Neue bestätigt, nicht umgekehrt. Die Gegenwart ist für die Griechen so stark, dass sie es sich leisten können, neue Bilder mit den alten Farben zu malen. Das trifft insbesondere auf Feste zu, kirchliche und weltliche. Vielleicht sind sie deshalb so befreiend leger, weil das selbstverständliche Wissen um den Hintergrund allgegenwärtig ist, und man um die Entleerung des Sinngehalts nicht besorgt sein muss. Über Heiligenfeste braucht hier niemand, auch nicht die Kleinsten aufgeklärt zu werden. Da ist die Lebendigkeit des kirchlichen Lebens, auf das jeder westliche Christ nur neidvoll blicken kann. Aber da ist auch, vor allem in den Städten, eine wachsende Diskrepanz zwischen kirchlicher Selbstdarstellung und weltlicher Erwartung. Das heißt, es hat sogar den Anschein, als würden gegenwärtig diese Erwartungen rapide schrumpfen. Der Säkularisierungsprozess hat ein Tempo vorgelegt, das selbst die Französische Revolution überrunden würde. Sicher wäre es das Falscheste, wenn die Kirche nun ihrerseits einfach mitrennen würde, was ja auch im Westen der Grund für ihre Atemlosigkeit geworden ist. Aber sie sollte doch erkennen, dass sie selbst mit ihrem Verhalten der Hauptgrund für den großen Auszug ist. An den theologischen Fakultäten und im Volk weiß man's schon. Die Kirche braucht nicht selbst Hüterin der Tradition zu sein. Das bestellen andere Kräfte zur Genüge.

Gerade sie ist dazu von ihrem Auftrag dazu berufen, Traditionen zu hinterfragen beziehungsweise mit neuem Leben zu füllen. Dies Verhältnis von Tradition und Gegenwart ist aber ganz und gar nicht nur auf den christlich-kirchlichen Hintergrund zu beschränken. Diese Gegensätze sind als zwei Brennpunkte derselben Sache zu sehen. Was wäre Griechenland ohne die lebendige Spannung von Tradition und Progression, von Mythologie und Entmythologisierung, von Familienbanden und Freiheitsdrang, von geschichtlichem Bewusstsein und politischem Tagesgerangel, von erhabenem Stolz und Alltagsschläue? Diese Pole ziehen sich an, stoßen sich ab. Es sind zwei Seelen in einem Körper. Zwei Augen im selben Gesicht, die erst das plastische Sehen ermöglichen. Aber es ist keine Gespaltenheit, sondern eine tiefe Einheit, die ausschließlich gedanklichem Zugriff nicht ihr wahres Gesicht zeigen kann. Das vor allem fasziniert wohl doch uns Mitteleuropäer so am griechischen Wesen. Die erzkonservativen Kreter sind politisch – jedenfalls nach unseren Maßstäben – extrem progressiv. Der Literatur-Nobelpreisträger von 1979, Odysseas Elytis, ist mit seinem lyrischen Schaffen ebenso der Tradition wie dem Durchbrechen traditioneller Formen und Werte verpflichtet. Der Schriftsteller Nikos Kazantzakis ist nicht nur Bewahrer des Klassischen, und – es sei betont – auch christlichen Erbes, sondern gleichermaßen auch der Totengräber aller unehrlichen Konvention, die sich als Hüterin der Tradition verkleidet hat. Ein Sänger und Komponist wie Mikis Theodorakis gar begründet seine kommunistische Einstellung aus den Wurzeln seines kretischen Volkes und dessen Verbundenheit mit seinen Traditionen. Und hinter all dem steht, trotz revolutionären Aufbegehrens gegen die kirchliche Selbstdarstellung, ein tiefes Bekenntnis zum christlichen Glauben.

Zweifellos muss festgehalten werden, dass in allen orthodox geprägten Ländern eine gewisse Einheit von religiöser und nationaler Einheit besteht. Das kann kritisch gesehen werden, ist aber historisch bedingte Realität. Besonders schmerzlich wird es nun wieder bewusst im Krieg zwischen dem orthodoxen Russland und der orthodoxen Ukraine.

Sonntagslicht

Das Licht der Sonne ist anders am Sonntagmorgen. Als wäre den Strahlen Goldstaub beigemischt. Die ganze Natur spiegelt den Himmel wieder. Ein Gespinst aus Thymianduft und Zikadenakkorden verfängt sich in den Sinnen der Menschen. Im Spalier am Kirchweg neigen die Akazien ihre Kronen. Noch wird das Summen der Hummel nicht vom Kyrie eleison des Priesters aus der nahen Kirche übertönt. Die Nachbarin vom Oberdorf nimmt ihren Enkel auf den Arm, damit er die Ikone am Eingang küssen kann. Kerzenduft und Weihrauch begrüßen die sonntäglichen Gäste. Die liturgische Festatmosphäre beginnt alle einzubeziehen. Sie bekreuzigen sich, als würden sie gemeinsam ein schönes Muster in ein großes Gewebe flechten. Der festlich gewandete Priester vermittelt ihnen dazu singend göttliche Inspirationen. Das kleine Mädchen mit den beiden Kerzen dreht sich Hilfe suchend um. Ein Alter hebt sie zum Leuchter hinauf. Schüchtern und etwas verlegen steckt sie ihre Kerzen dazu. Der linke Vorhang in der Bilderwand öffnet sich. Als der Priester mit dem goldbeschlagenen Evangelienbuch erscheint, wird dem Fremden klar, dass die Liturgie noch nicht allzusehr fortgeschritten ist. Im „Kleinen Einzug" wird das prunkvolle Evangeliar durch die Gemeinde im Kirchenschiff getragen. Christus erscheint als Wort Gottes bei den Menschen. In alter Zeit hielt der Priester im Anschluss an die Lesung aus dem Evangelium die Predigt. Danach mussten die noch Ungetauften das Gotteshaus verlassen, weil sich nun der zweite Teil des Gottesdienstes mit dem Abendmahl anschloss, zu dem man erst als Getaufter zugelassen war. Heute ist die Predigt meist am Schluss des Gottesdienstes. Der

Höhepunkt des zweiten Teils der Liturgie ist der „Große Einzug". Hier werden in feierlicher Prozession die Gaben des Altars, Brot und Wein zu den Gläubigen gebracht. Gottes Weg zum Menschen. Der Priester hat zu Beginn der „Göttlichen Liturgie" als erstes für sich die Worte gelesen: „Der Priester, der die Handlung des heiligen Geheimnisses vollziehen will, muss vor allen Dingen mit allen Menschen versöhnt sein und darf gegen niemand etwas haben." Das wird ihn wohl zur ersten Bitte um Vergebung veranlasst haben. Das Kirchengebäude symbolisiert das verlorene Paradies. Es ist nach Osten ausgerichtet wie der Garten Eden, den Gott „gen Osten hin" gepflanzt hat. Es wird von der Kuppel wie vom Himmel überwölbt. Von dort nimmt der Pantokrator als Schöpfer, Erlöser und Richter an den Gottesdiensten der Menschen teil. In den Worten, Klängen, Düften und Lichtern der Liturgie werden die Grenzen von Himmel und Erde, von Vergangenheit, Gegenwart und Zukunft verwischt. Alle feiern gemeinsam. Die Engel, Evangelisten, Apostel und Propheten, die Heiligen, die Vorväter, Hierarchen, Märtyrer und Asketen, die Lebenden und die Verstorbenen. Alle weben weiter am Netz, das Himmel und Erde für immer verflechtet. Alle dürfen ihre Farben und Muster hinein knüpfen. Alle dürfen an Gottes Vergebung anknüpfen. Alle fadenscheinigen Stellen werden ausgebessert. Die Engel halten die vertikalen Kettfäden, damit die Menschen, Sünder wie Heilige, ihre horizontalen Schussfäden hineinziehen können. Das Schiffchen ist immer unterwegs. Wie die Fenster das Sonnenlicht, so lassen die Ikonen das Licht der Ewigkeit in die gehobene Stimmung der Webstube herein. Die Flammen der Kerzen tanzen aufgeregt in Erfüllung ihres doppelten Auftrags, zugleich Symbol für die flammenden Gebete aus brennenden menschlichen Herzen und für die feurigen Zungen des Heiligen

Geistes im Pfingstgeschehen zu sein. Der ausländische Gast fühlt sich dem kleinen Mädchen verwandt, das sicher nicht viel mehr als er selbst von den Worten der Gebete, Hymnen, Litaneien und Antiphonen verstanden hat und doch erlebte, wie es in diese große Gemeinschaft hinein genommen ist. Und man hat erfahren, dass das Geflecht, an dem man da ein bisschen mit geflochten, gewebt, geknüpft, geschlungen und gebunden hat, tragfähig ist und wärmt und schützt. Vor langer Zeit hat ein russischer Botschafter nach dem Besuch eines solchen Gottesdienstes seinem Fürsten berichtet: „Wir wissen nicht, waren wir im Himmel, oder auf der Erde. Nur das wissen wir, dass Gott dort bei den Menschen war." Danach fügte sich die russische Gesellschaft in die weltweite orthodoxe Konfessionsfamilie ein.

Kidnapping eines Bischofs

Er war einer der wenigen Bischöfe, die während der Herrschaft der Militärdiktatur sich nicht einschüchtern ließen. In seinen Predigten nahm er kein Blatt vor den Mund. Er schrieb sogar an die Regierung, wenn das Volk zum Schweigen verurteilt sei, müsse die Kirche für die Menschen das Wort ergreifen. Durch sein außergewöhnlich großes soziales Engagement und seine bescheidene Art, in der er sein hohes geistliches Amt führte, war er beim Volk so beliebt, dass die Machthaber der Junta es nicht wagten, ihn abzusetzen oder zu internieren, wie sie es in der Regel mit allen Unfügsamen machten. Bald aber bot sich eine willkommene Gelegenheit, ihn loszuwerden. In Deutschland sollte erstmals in der Geschichte eine Metropolie für die griechisch-orthodoxen Gläubigen eingerichtet werden. Dorthin wurde er vom Regime abgeschoben. Die Menschen in seiner Metropolie von Kissamos und Selinon auf Westkreta konnten dies zurecht nicht als eine Demütigung ihres Bischofs empfinden. Irenäus wurde das geistliche Oberhaupt der griechischen Gastarbeiter im deutschsprachigen Mitteleuropa. Seine Mittlerrolle zwischen den Einheimischen und den aus Griechenland Eingereisten hat die wesentliche Grundlage für das unproblematische, sogar herzlich zu nennende Verhältnis zwischen Deutschen und Griechen geschaffen. 1980 wurde ich Zeuge eines in der Geschichte der orthodoxen Kirche wohl einmaligen Vorgangs. Kirchen auf Kreta waren besprüht mit forschen Parolen und radikalen Forderungen. Nur den Bischof Irenäus wollte das Volk haben und keinen anderen. An den Fensterscheiben fast aller Autos im Westen Kretas klebte ein Plakat mit dem Konterfei des beliebten Bischofs. „Nur Bischof

Irenäus!" hieß die fast wie eine Drohung wirkende Forderung. Am Eingang des Klosters Ghonia war ein Spruchband über die Straße gespannt: „Das Kloster erwartet Irenäus!" An der von ihm einst ins Leben gerufenen Orthodoxen Akademie prangte ein Plakat: „Die Akademie verlangt ihren Gründer!" Am Haupttor des Akademiegeländes hatten aufgebrachte Anhänger des Bischofs schwarze Fahnen angebracht, um Trauer und Zorn zu demonstrieren. Was war geschehen? Die Bevölkerung, die den seinerzeit nach dem Weggang von Bischof Irenäus eingesetzten Nachfolger noch duldete, war jetzt, als wieder ein Wechsel an der Spitze der Diözese anstand, entschlossen, ihren verehrten und heiß geliebten Bischof Irenäus wieder zu bekommen. Der von der Heiligen Synode, also den sieben Bischöfen von Kreta und dem leitenden Erzbischof aus Iraklion gewählte Oberhirte fand keineswegs die Zustimmung des Volkes. Für das geistliche Oberhaupt der orthodoxen Welt, den Patriarchen von Konstantinopel war dies eine äußerst heikle Situation. Ein Synodenbeschluss ist im Grunde letzte, heilige Instanz. Was aber hat letzte Gültigkeit, wenn sich die „Stimme des Volkes" so eindeutig gegen diese Entscheidung artikuliert? Die Akademie mit ihrer weltweiten Ausstrahlung und ihrer großen Autorität auch in der kretischen Bevölkerung wurde zum Symbol des Widerstandes. Dies geschah aber nicht durch deren Leitung, sondern durch die Bevölkerung. Symbolisch besetzten Gläubige aus der ganzen Metropolie, in stillschweigendem Einvernehmen mit den Mitarbeitern, die Akademie. Abend für Abend kamen ganze Abordnungen aus den umliegenden Dörfern, um ihrer Forderung Nachdruck zu verleihen, die Tore nur für Bischof Irenäus und keinen anderen zu öffnen. Sie kamen mit Frauen und Kindern, brachten Wein und vorbereitete Speisen mit. Es wurde gesungen und getanzt. Bei jedem Aufkeimen der Diskussion aber wurden die wilden Besetzer sofort ernst und artikulierten laut und entschlossen ihre unumstößliche Position. Ein stattlicher Wortführer rief: Wenn die uns einen anderen schicken, dann geh ich in die Metropolie und ziehe ihn an seinem Bart, dem Zeichen seiner bischöflichen Würde heraus und schneide ihn vor aller Augen ab. Auf meine Frage, was sie denn machen wollten, wenn nun auch der Patriarch gegen sie entscheiden würde, rief gleich eine ganze Gruppe, als sei dies eine schon längst beschlossene Sache: „Dann werden wir bei seiner Investitur in der Kirche unsere Stimme verweigern, indem wir nicht das dreifache ‚Würdig, würdig, würdig!' akklamieren." Ohne diese rituelle Zustimmung des Volkes ist eine Bischofsinthronisation ungültig. Dem Patriarchen blieb diese heikle Entscheidung jedoch erspart. Als alles noch in der Schwebe war, kam Metropolit Irenäus zu einer Besprechung in anderer Sache zum Erzbischof nach Athen. Dabei entschloss er sich spontan zu einem kurzen Abstecher nach Kreta, um sein Kloster, seine geistliche Heimat und seine Verwandten zu besuchen. Sein Kommen hatte sich in kürzester Zeit herumgesprochen. Bei seiner Ankunft in Kreta war er plötzlich von lauter frenetisch applaudierenden Freunden und Anhängern umgeben. Sie entführten ihn kurzer Hand und eskortierten ihn in seine alte Metropolie in Kissamos. Endlich hatte die Weltpresse wieder einmal eine Titelseite kirchlichen Inhalts. Irenäus sagte später, seine Entführer hätten nur „ein bisschen Gewalt" ausgeübt. Der Akademiedirektor meinte: „Spätere Generationen von Theologen werden dieses Ereignis einmal in den Lehrbüchern für Kirchengeschichte finden."

Bischöflicher Großreeder

Anfang der Sechzigerjahre war der Schiffsverkehr zwischen Kreta und Piräus noch ganz in der Hand von Reedereien auf dem Festland. Als 1966 ein Schiff unterging, ertranken mehrere Hundert Passagiere, meist Kreter. Aus der unsäglichen Trauer wurde mit der Zeit ein bitterer Zorn über den Zustand der Fährschiffe, die auf den Strecken zwischen Festland und Kreta eingesetzt waren. Bischof Irenäus, der sich nie scheute, sich auch ins gesellschaftspolitische Geschehen einzumischen, wenn Ungerechtigkeit und Profitsucht zu dreist auftraten, war fest entschlossen, diesem Zustand ein Ende zu machen. Er hat niemand um Erlaubnis gefragt, sondern ist, im festen Glauben an das soziale Bewusstsein der Kreter, losgezogen und hat die Menschen in den Gemeinden seiner Diözese um Geld gebeten, um damit ein Schiff zu kaufen, das absolut sicher und seetüchtig ist, und das vor allem den Menschen auf Kreta gehört. Ein solches Unglück dürfe sich einfach nicht wiederholen. Und die Einnahmen dieser Schiffspassagen sollten dem kretischen Volk und nicht den ohnehin reichen Reedern auf dem Festland zugute kommen. Die Idee war so zündend, dass nahezu alle Kreter davon überwältigt waren. In Kürze waren auch die Menschen in den anderen Diözesen von diesem Vorhaben begeistert und trugen ebenso in großem Stil zur Finanzierung einer Großfähre unter griechischer Flagge, aber kretischem Stern, bei. Man konnte fragen, wen man wollte, alle hatten Geld für die Realisierung dieses genossenschaftlichen Projekts gegeben. Taxifahrer, Bauern, Busfahrer und Handwerker. Der Erfolg war so enorm, dass schon bald nach dem ersten Schiff ein weiteres erstanden werden konnte. Heute ist die volkseigene

Schifffahrtsgesellschaft mit dem Namen ANEK-Lines im Besitz von neun Schiffen. Inzwischen ist ANEK an die Börse gegangen und zu einem der größten Schifffahrtsunternehmen im Mittelmeerraum geworden. Der volksnahe Bischof wachte noch bis zu seinem Tod darüber, dass die Schiffsverbindungen zwischen Kreta und dem Festland in erster Linie den Interessen der kretischen Menschen dienen. So verkehren die großen Fähren vor allem nachts, damit die landwirtschaftlichen Produkte Kretas bereits am folgenden Morgen auf dem Athener Markt angeboten oder von Flugzeugen ins übrige Europa transportiert werden können. Gerne nehme ich in Kauf, dafür auf das Urlaubsvergnügen auf dem Sonnendeck zu verzichten. Der halbe vom Unglücksschiff übriggebliebene Rettungsring hängt im Arbeitszimmer des Akademiedirektors und ist nicht nur ein Mahnmal für die Toten, sondern ebenso ein Symbol für Solidarität.

Hebammen im Kloster

Laura war darauf vorbereitet, dass man in Shorts nicht in eine Kirche und schon gar nicht in ein Kloster geht. Aus ihrem Rucksack zog sie einen großen bunten Schal und wand ihn geschickt um Hüfte und Beine. Jens, der gerade noch in seiner Umhängetasche nach dem aus Deutschland mitgebrachten Gastgeschenk stöberte, fand, dass der improvisierte Rock ihr ausgesprochen gut stehe. Da kam Vangelis schon über den Klosterhof strahlend auf sie zu. Zum ersten Mal sahen sie ihn in seiner Soutane. Dass er sie aber dann doch so herzlich zur Begrüßung umarmte, vertrieb all ihre Scheu vor dem geistlichen Gewand und seinem Träger. Vangelis war mit ihnen in einer Kleinstadt in Süddeutschland aufgewachsen. Er hatte mit Jens Abitur gemacht. Dann wurde er zum Militärdienst nach Griechenland zitiert. Danach blieb er dort, ging aufs Priesterseminar und hatte sich schließlich für die mönchische Lebensform entschieden. Seine deutschen Freunde wussten von seinem Werdegang. Aber sie wussten noch nicht, ob sie nach so langer Zeit und so verschiedenen Lebensvorstellungen sich noch verstehen würden. Er war, wie sie nun erlebten, trotz seiner Metamorphose zum Mönch so natürlich wie eh und je geblieben. Und schon verstanden sie sich wieder wie früher. Laura strahlte ihn an und sagte: „Mensch Vangelis, wie schön ist es, dich wieder zu sehen.“ „Ja richtig“, antwortete er: „Als Mönch habe ich jetzt auch einen neuen, einen geistlichen Namen. Ich heiße jetzt Grigorius. Macht aber nichts, wenn ihr euch da noch ein Weilchen vertut. Übrigens seid ihr von unserem Abt sehr herzlich zum Abendessen eingeladen. Wir haben noch ein bisschen Zeit. Ich zeig euch bis dahin noch unsere schöne

Kirche.“ Er ging voraus und küsste die Festtagsikone, die vorne auf einem gesonderten Ständer lag. Wir haben noch die Auferstehungsikone aufgestellt. Ostern soll noch lange nachklingen. Grigorius erklärte mit Begeisterung die Ikonenwand, die Fresken und die Symbole in der Kirche. Dass alle zusammen die Liturgie feierten, die Erzengel, die Propheten, die Apostel und Heiligen, die Lebenden und die Verstorbenen, Sünder und Gerechte. Ganz unvermittelt fragte dann Laura: Und was ist dann der eigentliche Unterschied zu unserem christlichen Glauben im Westen? Als hätte er auf diese Frage schon gewartet, sagte er: Bei euch gibt es doch solche Witze, wie ein paar wenige Politiker vor die Himmelstür kommen und um Einlass bitten. Solche Witze gibt es bei uns nicht, weil sie keiner verstehen würde. Petrus müsste nach unserem Verständnis als erstes fragen: Ja wo habt ihr denn die anderen gelassen? Luther hat noch gefragt: Wie bekomme ich einen gnädigen Gott? Bei uns heißt die Frage: Wie bekommen wir einen gnädigen Gott? Wie können wir einander helfen, gemeinsam in den Himmel zu kommen. Jens meinte, dass der westliche Individualismus eben doch seine gute, aber auch seine schlechte Seite hätte. Laura lachte und sagte: „Jetzt hab ich gemeint, der Hauptunterschied liege darin, dass für euch Ostern und für uns Weihnachten das Hauptfest ist.“ „Gar nicht so schlecht“, meinte Grigorius schmunzelnd. Aber, bei uns ist eigentlich das ganze Jahr über Weihnachten. Und schon verschwand er hinter dem Vorhang, der zur Seitenkapelle links neben dem Altarraum führt. Gleich darauf kam er mit einem großen Wandbild zurück, das er noch blasend und mit linkischen Handbewegungen von Spinnweben zu befreien suchte. Dann lehnte er die sehr schöne Christgeburtsikone an die Ikonostase. „Die haben wir bei jeder Liturgie vor Augen, wenn wir das Brot fürs Abendmahl zubereiten. Es ist Christi Geburt in Bethlehem. Und weil Bethlehem wörtlich ‚Haus des Brotes' heißt, soll uns dies Geschehen der Menschwerdung Gottes bei der Vorbereitung des Abendmahls immer vor Augen sein. Und wie der Teig sich im Backofen zum Brot verwandelt, so werden wir armseligen Pfuscher durch die wunderbare Vergebung im Abendmahl brauchbare Handlanger Gottes. Und auf euren Weihnachtsbildern kommt das Jesuskind in einem Stall zur Welt und wird in eine Futterkrippe gelegt. Bei uns, überall in den Weihnachtsbildern aller östlichen Kirchen, geschieht das in einer Höhle und in einem gemauerten Futtertrog, der manchmal wie ein Backofen und manchmal wie ein Altar aussieht. Und da unten rechts seht ihr die beiden Hebammen. Es sind übrigens die einzigen im Kloster! Sie waschen gerade den neugeborenen Erlöser, wie es außerhalb der Bibel überliefert ist. Und links da sitzt immer der etwas belämmert dreinschauende Joseph, der alles noch nicht so ganz auf die Reihe kriegt. Aber der etwas verwahrlost vor ihm stehende alte Prophet tröstet ihn mit viel Verständnis und alten Weissagungen. Ja und Ochs und Esel sind auch bei jedem Gottesdienst dabei." Als Grigorius Schritte hörte, flüsterte er Jens und Laura zu: „Jetzt kommen die Mitbrüder zum Stundengebet", und verschwand schleunigst mit der Ikone hinter dem Vorhang.

Ikonenmalerin

Unter einem Ikonenmaler stellte ich mir einen asketischen, ergrauten Mönch vor, der dieser Welt schon ein wenig entrückt ist. Der ständige Blick durchs Fenster der Ewigkeit müsste ihn schon halb verklärt und verwandelt haben. Und er konnte in meiner Vorstellung nur in einer Klause wohnen, die mit alten Codices über die Gesetze der Ikonographie überhäuft ist. Als ich zum ersten Mal in ihr Atelier kam, wurde mir klar, dass die Ikonenmalerei nicht nur aus uralter Tradition lebte, sondern dass ihr ebenso ewige Jugend verheißen sein musste. Meine Gedanken galten in diesem Moment in erster Linie nicht so sehr dem heiligen Handwerk des Ikonenschreibens, als vielmehr dem heiteren Wesen eines unbekümmerten Mädchens, das da auf dem ehrwürdigen Thron byzantinischer Kunst saß und sich freundlich lächelnd zu mir umdrehte. In orthodoxen Ländern ist noch heute der Brauch weit verbreitet, dass der Gast zuerst die Ikone begrüßt, indem er sich vor ihr bekreuzigt, und sich erst dann dem Gastgeber zuwendet. Dass ich in dieser Situation weit davon entfernt war, an diese religiöse Geste zu denken, geschweige denn sie einzuhalten, wird jedem einleuchten, der dieses Atelier schon betrat. Noch bevor sie aufstand, um mir entgegenzugehen, waren auch meine Gedanken nicht mehr dazu zu bringen, sich an eine Reihenfolge zu halten. Der Ikonenmaler, schoss es mir durch den Kopf, gibt nur weiter, was er selbst empfangen hat. Er würde sich nicht als Künstler verstehen. Hat sie nicht eine natürliche Anmut? Der Ikonenmaler weiß sich ganz in den überlieferten Kanon des Bildes einzufügen. Sie kann in ihrem Alter doch noch gar nicht die lange Schulung der Ikonenmalerei hinter sich haben. Der Ikonenmaler stellt sich in den Dienst der Verkündigung. Dem Malen geht ein strenges Fasten voraus. Schade, wenn sie ihre gottgeschenkte Jugend durch Fasten peinigen würde. Mit tausend Fragen versuchte ich alles zu verscheuchen, was mich von meinem eigentlichen Anliegen abgelenkt hatte. Mir wurde auf einmal klar, dass ich die Tradition des Ikonenmalens in meinem Verständnis mit einem viel zu großen religiösen Pathos belastet hatte. Fenster zur Ewigkeit, nicht Zugänge zu Grüften werden hier aufgetan. Und als sie sagte, dass sie vor dem Malen immer ein Gebet spreche, wurde mir vollends bewusst, dass jugendlicher Charme und heiliger Ernst nie einander ausschließen, wie manche uns mitunter einreden wollen. Schon am nächsten Tag war ich wieder in ihr Atelier gekommen, diesmal hatte ich die ganze Gruppe der Akademietagung mitgebracht. Ich meinte zu beobachten, wie es den meisten nicht anders als mir bei meiner ersten Begegnung erging. Als sie uns in die Technik als auch die geistliche Dimension des Ikonenmalens eingeführt hatte, entstand unter den anwesenden Theologen ein etwas kontroverses Gespräch über die Bilderverehrung und die diesbezüglich wohl etwas übertriebene Enthaltsamkeit der evangelischen Christen. Einer wusste sogar auswendig einen Gedanken des Origenes zu zitieren: „Die von Gott in uns geschaffenen Tugenden sind die wahren Bilder." Ein Grieche konterte mit einem Zitat des Theodoros von Studios: „Der Mensch ist nach dem Bild und Gleichnis Gottes erschaffen, deshalb liegt in der Kunst, Bilder zu machen, etwas Göttliches."

Passions-Hummer

Wir waren zu Gast in der Orthodoxen Akademie. Eine Gruppe von ungefähr fünfzehn Personen aus Deutschland und Skandinavien. Darunter auch ein evangelischer Bischof. Am kommenden Sonntag war Ostern nach dem westlichen Kalender. Die Orthodoxen aber hatten noch zwei Wochen Zeit, sich mit intensivem Fasten auf das größte aller Feste vorzubereiten. Natürlich gab es immer wieder Gespräche über die verschiedenen Ostertermine in Ost und West. Und wenn die Orthodoxen der Kalenderreform Papst Gregors vom Jahr 1582 gefolgt wären, wurde da argumentiert, dann hätten wir dieses Problem nicht, das ja Andersgläubige immer wieder zu dem Spott verleitet: Wann ist er denn nun auferstanden, euer Christus? Der orthodoxe Zeitplan richte sich im übrigen letztlich noch nach dem Mondjahr, was ja im Grunde tiefstes Heidentum zum Maßstab mache. Nein, so stimme das ganz gewiss nicht, wurde dagegen gehalten. Nur würden die Orthodoxen bei ihrer Osterberechnung immer auf das jüdische Passahfest Rücksicht nehmen. Schließlich sei Jesu letztes Mahl mit seinen Jüngern ein Passahmahl gewesen. Im übrigen habe sich ganz zurecht der hebräische Name als Bezeichnung des christlichen Osterfestes in den romanischen und slawischen Sprachen, sowie im Griechischen bis heute erhalten. Mitten in unsere Diskussion hinein wurde uns eine Einladung von Bischof Irenäus, dem Gründer der Akademie überbracht. Er wolle uns alle zum Osterlamm einladen und zwar zum westlichen Ostertermin. Am Sonntag kam dann der Bischof in Begleitung von einigen Geistlichen in die Akademie. Dort war eine festliche Tafel für westliche Gäste und östliche Gastgeber hergerichtet. Das Osterlamm war bereitet. Auf der einen Hälfte der Festtafel standen die üppigsten Gerichte, auf der anderen Hälfte nur ein kärgliches Fastenmahl. Wir empfanden diese großzügige Geste des orthodoxen Bischofs nun fast für eine Zumutung für beide Seiten. Angesichts des Fastens der frommen Gottesleute blieb uns die österliche Gaumenfreude doch etwas gedämpft. Und ganz gewiss mundete den Gastgebern ihr Fastengericht noch etwas säuerlicher als sonst. An unseren unösterlich getrübten Mienen konnte der Bischof unser Empfinden ablesen. Er befreite uns von unserem schlechten Gewissen, indem er zwinkernd hinter vorgehaltener Hand laut flüsternd verkündete: Wir haben heute dem Fasten einen österlichen Akzent gegeben und uns einen Hummer zubereiten lassen. Das Ostergelächter und die Osterfreude wollten kein Ende nehmen.

Der Große Dienstag

Ismini und Nafsika kannten sich noch nicht lange. Aber sie waren in der kurzen Zeit – mit den obligatorischen Unterbrechungen natürlich – unzertrennlich geworden. In diesem Milieu eine so gute und verlässliche Freundin zu haben, war schon etwas Besonderes. Beide waren nicht von Kreta, sondern über Piräus hierher nach Iraklion gekommen. Der Markt in Piräus war zu dicht geworden, und der ständig anwachsende Touristenstrom in Kretas Hauptstadt war auch diesbezüglich vielversprechend. Nafsika war die Erfahrenere, was Ismini oft zugute kam, denn es blieben ihr so manche bösen Überraschungen, die dieses Gewerbe mit sich brachte, erspart. Ismini, die Jüngere dagegen wurde von Nafsika fast verehrt. Sie hatte sich trotz dieses Umgangs und dessen Szene noch ein wenig eine unschuldige Seele bewahrt. Vielleicht war es auch ein Rest Naivität ihrer ländlichen Erziehung. Wie oft sprach sie fast ehrfurchtsvoll von ihrer Großmutter. „Nächste Woche gehen wir in die Kirche zur Abendliturgie", sagte Nafsika, als sei es gerade für sie beide das Selbstverständlichste der Welt. Ismini hielt diesen Vorschlag zunächst für ironisch. Nein, er kam ihr fast blasphemisch vor. Sie in der Kirche. Unter all den Frommen. Sie mit diesem sündigen, verruchten und verrufenen Metier. Wie gerne hätte sie in den Monaten, in denen sie nun schon dabei ist, manches Mal eine Kerze in der Kirche angezündet. Sie traute sich aber nicht, denn sie hatte sowohl Angst, von irgend jemand erkannt und aus der Kirche getrieben zu werden, als auch Scheu, eine von ihrem im Bett verdienten Geld gekaufte Kerze der Heiligen Jungfrau zu widmen. Am Dienstag der Karwoche war es dann soweit. Auf dem Weg zur Kathedrale schaute sich Ismini immer wieder um, ob da auch niemand ist, der sie kennen würde. Stell dich nicht so an, Kleines, sagte Nafsika und hakte sich bei ihr ein. Sie hatten sich sehr geschmackvoll und züchtig gekleidet und selbstverständlich aufs Schminken verzichtet. Das war ja das mindeste, was sie von sich in der Fastenzeit erwarten konnten. Ismini wurde immer unsicherer, denn je näher sie zum Gotteshaus kamen, desto mehr bekannte Gesichter meinte sie zu entdecken. Und da kam auch schon Nana auf sie zu, die uneingeschränkte Königin vom Hafenbezirk. Mit ihrer lauten, dunklen Stimme begrüßte sie die beiden. Nafsika lachte und Ismini wäre am liebsten wieder umgekehrt. „Komm Kleines", sagte sie zu ihr beschwichtigend. „Heute kommen sie alle. Und nicht nur die Mädchen von unserem Gewerbe, auch viele viele Freier und Ehemänner. Heute am Großen Dienstag ist nämlich der Tag der großen Sünderin Maria Magdalena aus dem Evangelium. Als die Jesus die nackten Füße gesalbt und dann mit ihrem vollen, schönen Haar abgerieben hat, sagte Jesus, dass man das ihr nie vergessen sollte." Natürlich kannte Ismini die Geschichte sehr gut. Aber dass das einmal sie selbst betreffen könnte. Als dann in der Liturgie das „Sticheron der Prostituierten", das Lied der Sünderin gesungen wurde, konnte sie doch ein paar Tränen nicht zurückhalten. In der Predigt erwartete sie dann vom als stimmgewaltig und streng bekannten Erzbischof eine Standpauke, die selbst Jesus in seiner Barmherzigkeit nicht ganz verschont hätte. Aber der Oberhirte war heute absolut mild gestimmt und erzählte, wie der Kaiser Theodosius die junge Kassiane verhöhnt und gedemütigt hatte. Daraufhin sei sie für immer ins Kloster gegangen. Von ihr stamme dieses anrührende Lied. Überhaupt fuhr der Erzbischof fort, sei die Annahme des Sünders eigentlich das einzige Thema des Erlösers gewesen. Und deshalb könne es nicht Ostern werden, bevor dies nicht einmal wieder ganz deutlich gesagt worden ist. Und er schloss seine Predigt indem er die Gerechten aufforderte, niemals dem Erbarmen des Herrn ins Wort zu fallen.

Ostern

So entschlossen wir uns, als ganze Familie am reichen kirchlichen Leben der Orthodoxen teilzunehmen. Da bot es sich gleich an, Ostern auf der nahegelegenen Insel Thassos mitzufeiern. Wir entscheiden uns für ein Hirtendorf in den Bergen mit dem vielversprechenden Namen „Theologos". Unsere Euphorie über die natürliche Architektur der alten Häuser und Kirchen können wir nur durch sachliches Rechnen mit Belichtungszeiten unserer Fotoapparate bändigen. Es gibt keinen Zweifel, die Liturgie der Osternacht werden wir hier erleben. Gegen Abend kehren wir sonntäglich gewandet zurück. Die Kirche ist festlich geschmückt und empfängt uns freundlich. Offensichtlich hat die Mesnerin keine Zeit mehr gehabt, das Laub auf dem Kirchenboden wegzukehren. Als Schwabe fällt einem so etwas sofort auf. Beim tieferen Eindringen in die Hintergründe erfahre ich dann, dass es sich um Lorbeerblätter handelt, die den Sieg Christi in dieser Nacht symbolisieren. Nach und nach füllt sich das dörfliche Gotteshaus. Außer uns ist kein Fremder unter den Bergbewohnern auszumachen. Im Lauf der Osterliturgie entfaltet sich die feierliche Spannung zu heiterer Gelassenheit. Der Priester muss die Heilige Liturgie etwas dehnen, damit punkt Mitternacht das „Christos anesti – alithos anesti" (Christ ist erstanden – er ist wahrhaftig auferstanden) ertönt und alle erfasst. Der Priester holt seine goldene Taschenuhr unter seinem üppigen geistlichen Gewand hervor, wiegt grinsend sein Haupt und steckt den liturgischen Gradmesser wieder ein. Es ist noch nicht Mitternacht. Die Chorsänger wiederholen den letzten Teil der Liturgie unter schmunzelnden Bemerkungen der erwartungsvollen Gläubigen. Plötzlich ein Ruf aus der Menge: „Auf meiner Uhr ist jetzt Mitternacht!" Ostern ist nicht mehr aufzuhalten. Das „Christos anesti" bricht aus allen heraus. Ostern – die ewige Jugend der Welt. Blitzartig verbreitet sich das Osterlicht auf die Kerzen aller Gläubigen. Wachsflecken auf den Osterkostümen sind nicht der Rede wert. Alle drängen nach draußen. Glockenklänge und Feuerwerksgeknalle, Fußballsirenen und Freudenlärm mischen sich in den Osterjubel. Erst allmählich wird es ruhiger. Alle brechen mit ihren brennenden Osterkerzen auf und künden von den Berghängen herab das Erblühen einer neuen, österlichen Dimension. Erst der anschließende Verzehr eines Osterlammes, das zäh wie ein Pfingstochse ist, zeigt uns, dass das Leben weitergeht.

Osterliturgie

töne und farben sind in heller aufregung
der auferstehung ein angemessenes gewand zu weben
der himmel greift ins grab
der heilige erhebt sich
wie das wasser des meeres sich in wolken verwandelt
so wird das erz der sterblichkeit
in die form neuen lebens gegossen
erzengel und meßdiener kinder und heilige
steuerhinterzieher und apostel
witwen und schwarze schafe
sünder und fromme feiern gemeinsam
die österliche generalamnestie
die strahlen der sonne schreiben ihre himmlische neuigkeit
in die schleier des weihrauchs
von draußen mischt sich der duft des osterlamms ein
die flammen der kerzen tanzen
zu den obertönen der hymnen
der tod verstummt im aufwind des friedens
das licht der sonne vergisst schatten zu werfen
die ikonen lächeln mütter auch
über wachstropfen auf den neuen osterkleidern

Brotvermehrung

Sie waren aus Österreich zu einer Studienreise nach Kreta gekommen, um Leben und Glauben der orthodoxen Christen kennen zu lernen. Die ökumenische Osterreise wurde von einer katholischen und einer evangelischen Kirchengemeinde gemeinsam durchgeführt. Die beiden Pfarrer hatten die Teilnehmer sehr sorgfältig mit orthodoxer Frömmigkeit und Liturgie vertraut gemacht. Kurz nach der Ankunft hatte es mit dem Reiseveranstalter eine Auseinandersetzung gegeben. Es ging ums Fasten. Das Hotel hatte, wie nicht anders zu erwarten, bei der Zubereitung der Speisen keinerlei Rücksicht auf die Regeln der Fastenzeit genommen. Nun kam die Frage auf, ob man, wenn man schon ein echtes Interesse für orthodoxe Frömmigkeit mitbrachte, nicht auch mit den Kretern fasten sollte. „Was glauben Sie, würden uns die Gäste aus aller Welt erzählen", herrschte der Hotelchef die beiden geistlichen Herrn an, „wenn wir ihnen ausgerechnet in der teuersten und schönsten Jahreszeit, dem Urlaub nämlich, nur kärgliche Fastengerichte vorsetzen würden." Die Pfarrer mussten es sich und den Reiseteilnehmern eingestehen, dass sie bei der Vorbereitung der Reise nicht mehr ans strenge Fasten der Orthodoxen gedacht hatten. Es war ihnen erst wieder in den Sinn gekommen, als der Busfahrer beim Einkehren in einer Taverne kein Lamm aß, wie alle anderen. Im Hotel kam es dann zu einer lebhaften Diskussion. Obwohl die beiden Geistlichen sich betont zurückhielten, entschied sich die große Mehrheit für konsequentes Fastenessen in den noch wenigen Tagen bis Ostern. Nur ein paar waren nicht damit einverstanden. Niemand machte ihnen daraus einen Vorwurf, dass sie dabei mit dem nicht geringen

Reisepreis argumentierten. Als sie dann aber feststellen mussten, dass sie Schnitzel serviert bekamen, während den frommen Fastern die schönsten Fischgerichte aufgetragen wurden, und der Reiseveranstalter wegen der niedrigeren Verpflegungskosten eine Sonderexkursion anbot, gaben sie sich geschlagen und fasteten fröhlich mit. Manche meinten gar, nach und nach durch diese verordnete Schnupper-Askese sogar ein bisschen innere Werte zu entdecken. Den Pfarrern war es eine Wonne, zu erleben, wie sich ihre Gemeinden im nahenden Osterlicht zu läutern schienen. Die orthodoxe Karwoche mit ihren allabendlichen Liturgien verfehlte nicht ihre Wirkung. Manch einer ließ sich zu frommen Äußerungen verlocken, die ihm keiner zugetraut hätte. Auch der Hinweis darauf, dass ein ernsthafter orthodoxer Christ es nie wagen würde, an der Ostereucharistie teilzunehmen, wenn er nicht zuvor peinlich genau die Fastenvorschriften eingehalten habe, führte die Ostertouristen zu selbstkritischer Besinnung. Zur Vorbereitung auf den Ostergottesdienst wurde dann am Samstagabend die berühmte Predigt des Chrysostomus vorgelesen. Doch bevor der Pfarrer zu lesen begann, betonte er, dass seit 1600 Jahren kein einziger orthodoxer Priester mehr gewagt hätte, nach diesem Glanzlicht an Ostern eine eigene Predigt vorzutragen. Die einst im 4. Jahrhundert vom Heiligen Chrysostomus gehaltene Osterpredigt sei so überwältigend, dass sie längst ihren festen Platz in der Osterliturgie gefunden habe. Sie sei aber nicht nur überwältigend schön, ganz am Evangelium orientiert und vor allem wohltuend kurz, sondern auch angesichts der strengen Fastenvorschriften alles andere als moralistisch. Dann las er ohne Pathos aber voll innerer Rührung über ein solch großes und weites Predigerherz die großartige Osterhomilie des Heiligen mit dem goldenen Mund, in der er das Gleichnis Jesu von den

Arbeitern im Weinberg auslegte: „Reiche und Arme, tanzt miteinander. Enthaltsame und Leichtfertige, ehrt gemeinsam den Tag. Ihr, die ihr gefastet und ihr, die ihr nicht gefastet habt, jubelt heute zusammen. Der Tisch ist reich gedeckt, sättigt euch alle. Niemand sei traurig über seine Verfehlungen. Die Vergebung ist aus dem Grab gestiegen. Der Tod unseres Erlösers hat uns alle befreit." Als der Pfarrer zu Ende gelesen hatte, kam spontaner, herzlicher und lang anhaltender Beifall, der in fröhliches Ostergelächter überging. Alle waren sich einig, soeben die beste und kürzeste Osterpredigt ihres Lebens gehört zu haben. Am Ostermorgen gingen sie gemeinsam zum Gottesdienst. Die Kirche schien schon voll zu sein mit festlich gekleideten Gläubigen aus dem Dorf. Aber alle rückten zusammen, dass die Fremden auch noch Platz finden konnten. Obwohl sie kein Wort verstanden, merkten sie, dass sie an einer großen Sache, an einem unendlich wichtigen Ereignis teilnahmen. Der liturgische Gesang, die festlichen Gewänder, die Lichter, der Weihrauch, die auch von den Kleinsten mit Küssen verehrten Ikonen, die Andacht der Menschen, aber auch die Unbekümmertheit, mit der man zum Gottesdienst zu spät Gekommene begrüßte. All das mischte sich ins erstrahlende Osterlicht. Als sich der Pfarrer mit weit geöffneten Augen und betont nickend zu seinen Mitreisenden umdrehte, wussten alle, dass der Priester jetzt diese berühmte, und ihnen ja schon bekannte Predigt vortrug. Alle nickten verstehend. Und der katholische Kollege sagte zum evangelischen: Das könne man doch wohl ein Wunder nennen, wenn wie heute Ostern und Pfingsten zusammenfalle, und alle die Osterbotschaft in der fremden Sprache verstünden. Die beglückende Stimmung erhob die Herzen aller Kirchenbesucher. Schon zeichnete sich das Ende der festlichen Liturgie ab. Da bahnte sich ein geistliches Tief den

Weg mitten in dieses österliche Pfingstereignis. Als der orthodoxe Priester anfing, aus einem Korb die vorbereiteten Brotstücke an die Gläubigen zu verteilen, stellten sich auch die Besucher aus Österreich in die Reihe. Das geweihte Brot, das der Priester anbot, heißt Antidoron. Es ist nicht das eigentliche Abendmahlsbrot, aber doch eine geweihte Gabe, die den altkirchlichen Brauch des Liebesmahls weiterträgt. Der orthodoxe Priester wurde plötzlich sehr verunsichert. Ihm kam die hitzige Debatte unter seinen geistlichen Mitbrüdern in den Sinn, ob man denn dieses geweihte Brot überhaupt nichtorthodoxen Gläubigen anbieten dürfe. Schnell verwarf er diese Gedanken wieder, er wolle ja angesichts des großzügigen Herrn der Kirche nicht kleinlich sein. Dann aber dachte er, die Brotstücke könnten eventuell nicht für alle reichen, und schon deshalb müsse er eine klare Trennungslinie ziehen. Da kam ihm die Geschichte von der wunderbaren Brotvermehrung seines Herrn in Erinnerung und er begann mit frohem Herzen großzügig auszuteilen. Die Schlange der Erwartungsvollen Gläubigen schien endlos lang. Der gefüllte Brotkorb aber hatte einen längeren Atem. Freundlich kauende Gesichter nickten beim Verlassen der Kirche dem Priester zu. Wie ein fröhliches Osterfeuer brannte dieses Wunder in allen. Und sie waren sich wohl bewusst, dass ihnen dieses Stück Brot nicht halb so gut geschmeckt hätte, wenn sie nicht vorher so bedenklich gefastet hätten.

Ein Taufpate

Zu Tausenden sind sie unterwegs. Manche bewegen sich nur mühsam auf den Knien vorwärts. Von den vorbei fahrenden Autos sind sie schon völlig eingestaubt. Die meisten aber kommen mit Kleinlastern, diesen Eseln der neuen Zeit. Acht, zehn, zwölf Stühle auf der Ladefläche. Auch diese Art der Fortbewegung ist mühselig und schon deshalb einer Wallfahrt angemessen. Die Straße zum Kloster des Hl. Johannes ist nicht geteert. Sie wird im Grunde auch nur dies eine Mal im Jahr, am großen Johannesfest, wirklich genutzt. Für Touristen, selbst mit allradgetriebenen Geländewagen ist dieser Weg zu steinig und staubig. Die Kreter aber kann nichts und niemand davon abhalten, an diesem Festtag zu ihrem Johannes durch die Wüste zu fahren. Einmal im Jahr verwandelt sich diese völlig einsam gelegene Klause mit dem Wallfahrtskirchlein zum Ziel einer Frömmigkeitskarawane und zum Zentrum eines Volksfestes respektablen Ausmaßes. Noch sind die Händler dabei, Stände aufzubauen und ihre Waren auszubreiten, da beginnen schon die ersten Wallfahrer, sich ihren Platz an den fast unendlich langen Tisch- und Bankreihen zu erobern. In kurzer Zeit ist die ganze Talsenke von erwartungsvollen und heiter gestimmten Menschen überflutet. Schwaden von Weihrauch ziehen aus dem Kirchlein in die Menge, als wollten sie auch die wenigen säkularen Festteilnehmer noch fürs Fest weihen. Eine schwarz gekleidete Alte, die in ihrem religiösen Eifer die Selbstkasteiung des Kniegangs wohl übertrieben hatte, wird von zwei jungen Männern auf einen Stuhl gesetzt. Dort werden ihr nicht die Wunden und staubigen Knie gepflegt, sondern ihr wird ein Schnaps gereicht, das Allheilmittel für Fromme und Sünder und gestrauchelte Wallfahrer. Ein großstädtisch gekleideter und auftretender Grieche parkt seinen roten Alfa mit Athener Kennzeichen ziemlich verwegen neben den Tischen und nicht auf der Wiese etwas abseits, wo die anderen Autos stehen. Heute werde ich mir ein Patenkind, oder auch mehrere holen. Mit diesen Worten setzt er sich zu einer Gruppe an den Tisch. Sie sind aus dem Dorf, das sich als eigentlicher Ausrichter des Festes versteht. Der Neue sagt, dass er genug Geld habe, aber bisher noch kein einziges Patenkind. Das wolle er heute klären. Er habe gehört, dass hier bei diesem großen Tauffest zu Ehren Johannes des Täufers, auch Eltern kommen, die noch keine Taufpaten für ihr Kind gefunden haben. Und er gehöre eben zu den Leuten, die noch kein Patenkind haben. Die vom Dorf bestätigen diese Tradition und betonen, dass dies eine sehr gute Regelung sei, dass es einen Ausgleich gibt unter den Menschen, und dass keiner zu kurz komme oder um die Ehre gebracht wird. Ob er denn eigentlich wisse, was eine Patenschaft bedeute. Da ginge es doch nicht bloß um Geld, oder um das goldene Kettchen mit dem Kreuz. Man sei dann mit dem Kind für immer verwandt, und zwar geistlich, was ja viel mehr sei, als körperliche Verwandtschaft. Und das bleibe so bis in Ewigkeit. So dürfe ein Pate auch entweder nur Jungen oder nur Mädchen haben, damit sie nicht etwa untereinander heiraten, denn das sei ja schon bei der leiblichen Verwandtschaft verboten, wieviel mehr dann bei der geistlichen Verwandtschaft, die ja noch viel wichtiger ist. „So wahr ich Dimitri heiße“, ruft der verwegene Neuankömmling, „eines weiß ich schon: Mein Patenkind wird ein Johannes oder eine Johanna sein, denn heute werden ja alle Kinder auf den Namen des Hl. Johannes getauft.“ Da müsse er sich aber ranhalten, sagen sie ihm. Drüben vor der Kirche werden schon die ersten Täuflinge zur Patenschaft angeboten.

Als Dimitri sofort zum Kirchlein hinüber geht, grinst Manolis und feixt halblaut in die Runde: „Auf den haben die gerade gewartet." Ich finde ihn ganz nett, meint Eleni, er ist unglaublich offen und geht so direkt auf die Leute zu. Nein, er ist ein Angeber und viel zu laut, ruft Vangelis. „Schon", meint Eleni, „aber die Angeber tun mir im Grunde alle leid. Sie geben ja meist deshalb so an, weil sie von niemand recht ernst genommen werden und dann eben auf diese Weise Anerkennung suchen." „Studier doch Psychologie", keift Vangelis zu Eleni hinüber, „dann kannst du dich professionell mit deinen Angebern befassen." Manolis steht plötzlich auf und ruft dem zurückkehrenden Athener zu: Na wie viel Patenkinder hast du? Dimitri ist keineswegs geknickt, als er ihnen erklärt, dass es eben diesmal noch nicht geklappt habe. Er komme nächstes Jahr wieder. Die wissen ja gar nicht, knurrt er ein wenig leiser vor sich hin, was für einen Paten sie sich haben entgehen lassen. Plötzlich kommt Bewegung in die gesamte Pilgergemeinde. Der Bischof tritt aus dem Kirchlein und hat schon eine Schürze für die Taufe umgebunden. Auch die fünf Priester, die ihm dabei helfen. Das gemauerte Taufbecken unter der mächtigen Platane, die auch das Kirchlein überdacht, ist groß genug. Die Familien mit ihren nackten Täuflingen und den stolzen Paten drängen aufgeregt zum Wasserbecken. Das Geschrei der Kleinen übertönt das Gekreische der Zikaden, geht aber selbst im Lachen und der Heiterkeit der großen Taufgemeinde unter. Das Untertauchen beziehungsweise Überschwappen der Täuflinge ist aber nur der erste Schritt. Schon warten die Großmütter mit großen Badehandtüchern auf die aus der Taufe Gehobenen und entreißen sie den Geistlichen, da werden die Scheren gezückt, um damit den schreienden Christenkindern auch noch ein paar Löckchen ihrer bislang erst spärlich gewachsenen Haarpracht abzuschneiden. Ein Opfer für den Himmel. Als dann auch noch das Badehandtuch, in das sich die nackten Kleinen zurückgezogen haben, wieder von den beschurzten Priestern geöffnet wird, damit der Bischof die Salbung mit dem heiligen Mironöl vollziehen kann, da ist der Widerstand der Schreihälse bereits gebrochen. Nur noch ein rhythmisches Schluchzen wagt sich als letzter Reflex des alten, soeben ersäuften Adams zu artikulieren. „Nun kommen die Mädchen an die Reihe“, ruft der Bischof in die Menge. „Typisch Kirche“, sagt Dimitri etwas arrogant und ziemlich laut in die Runde. „Bei mir kommen immer die Frauen zuerst.“ Als hätte er es gehört, setzt der Bischof lächelnd hinzu: „Aber die Mädchen bekommen neues Wasser.“ Trotz der volksfestartigen Stimmung sind die Menschen durchaus andächtig bei dem Taufgeschehen. Auf der notdürftig zusammengebauten Bretterbühne stimmen schon die Musikanten Busuki und Lyra, während aus dem Kirchlein noch der liturgische Gesang herüber weht. Fast nahtlos fügt sich das Feiern an den Tischen der feierlichen Liturgie an. Noch mischt sich Weihrauch unter den Duft von Lammkoteletts auf den Grillrosten.

Ein orthodoxer Freigeist

Der Kreter Nikos Kazantzakis ist einer der bekanntesten Schriftsteller unserer Zeit. Zahlreiche Werke sind in alle großen Kultursprachen der Welt übersetzt. Viele sind vertont, manche wurden gar zu Opernlibretti. Er selbst ist zeitlebens ein bescheidener Mensch geblieben und hat vorgelebt, was er den Zeitgenossen mit seinen Werken sagen wollte. Dass er in so vielen Kulturen unmittelbar verstanden wird, erklärt sich zum Teil auch aus seinem Selbstverständnis. Er ist Kreter. Er ist zwischen Europa, Asien und Afrika zur Welt gekommen.

Es ist das große Verdienst von Nikos Kazantzakis, dass er die hohe Theologie fürs Volk übersetzt, aber auch dem zeitgenössischen Menschen wieder erschlossen hat. Er hat den Glauben aus den Klöstern herausgeholt und auf die Märkte gebracht. Und da er auch im Westen studiert hatte, schreibt er in einer uns verständlichen Sprache und Gedankenwelt. Und die Theosis, die Vergöttlichung des Menschen, hat er allen gepredigt und damit den Frommen und Mönchen als Besitz streitig gemacht und der säkularen Welt geschenkt. Er hat seine unstillbare Sehnsucht nach Freiheit, Ewigkeit und Gott in Worte gegossen. Er hat den Gedanken Flügel gegeben, dem Streben des Menschen Heiligung prophezeit und mit Visionen Neuland erschlossen. Er lässt Christopher Kolumbus zu seinen Kapitänen sagen: *„Nie findet neues Land ihr, weil ihr es nicht in eurem Herzen tragt! Denn neues Land wird stets zuerst in eurem Herzen geboren – dann erst steigt es aus dem Meere auf.“* Das Bewusstsein formt das Sein, nicht umgekehrt, würde das in der Sprache der Philosophen heißen. Bei Kazantzakis hört sich das so an: *„Welch große Macht hat doch die* *menschliche Seele", dachte Pfarrer Jannaros grübelnd, „sie nimmt ein Stück Stoff und macht eine Fahne daraus."*

Nicht über Ozeane, aber in Neuland, in andere Zeiten und Kulturen bin ich mit Kazantzakis gereist. Er nimmt die Leser mit auf seine Reisen ins Innere der Seele, in den Himmel neuer Gedanken, hinaus in die Weiten des Geistes, aber auch hinab in die Abgründe menschlicher Schrecken. Nie verlässt er die Alltagssprache der Menschen, auch wo er ihnen tiefste Empfindungen und höchste Gedankengänge mitteilt. Weil er so fest auf der Erde und im Volk verhaftet ist, überhebt er sich nie über die anderen. Seine Botschaft ist jedem zugänglich, seine Sprachbilder sind unmittelbar verständlich und seine Worte eindeutig. Heldensagen und Heiligenlegenden sind für ihn aus demselben Stoff menschlichen Strebens. Er selbst kennt sein Unvermögen und sein Schwachsein nur zu gut: *„Da ich aber weder zum einen noch zum anderen gelangte, suchte ich im Schreiben Trost für mein Unvermögen."*

Und er bückt sich tief hinunter, um die kleinen Geschöpfe, die unscheinbaren Dinge nicht zu übersehen. Sie werden ihm immer wieder zum Gleichnis und zum Transparent für die dahinter stehende Wirklichkeit, für den großen Zusammenhang. *„Die Sehnsucht des Wurmes, der Raupe, Schmetterling zu werden, war für mich immer die gebieterischste und gleichzeitig die legalste Pflicht des Wurmes und des Menschen. Dass dich Gott als Wurm erschafft und du durch deinen Kampf Schmetterling wirst."* Und in Rechenschaft vor El Greco bekennt er: *„Das heißt Auferstehung, dass die Würmer Schmetterlinge werden und nicht, dass sie wiederkehren und nun unsterbliche Würmer werden."*

Es hat den Anschein, dass er zu dieser Demut auf dem Athos Maß genommen hat. So schreibt er: *„Ich dachte an den Asketen,* *dem ich eines Tages auf dem Heiligen Berg begegnet war; er hielt ein Silberpappelblatt in der Hand, sah es im Licht, und Tränen liefen über sein Gesicht. Ich hielt erstaunt an und fragte ihn: „Was siehst du, heiliger Vater, in diesem Blatt, dass du weinst"- „Ich sehe den gekreuzigten Christus", antwortete er. Er wandte das Blatt auf die andere Seite, sein Gesicht erstrahlte freudig „Was siehst du jetzt in dem Blatt, dass du dich freust?" fragte ich wieder. „Ich sehe den auferstandenen Christus, mein Sohn. Ach könnte auch der schöpferisch Tätige in der geringsten Einzelheit der Erde, in einem Insekt, in einer Muschel, in einem Tropfen Wasser, all seine innere Unruhe und all seine Hoffnungen erblicken! Und nicht nur die seinigen, sondern die der ganzen Welt! Dass er den gekreuzigten Menschen und den auferstandenen Menschen in jedem Herzklopfen erblicke, dass er empfinde: Die Ameisen, die Sterne, die Phantasiegebilde, die Ideen, alle stammen wir aus derselben Mutter, alle leiden wir und hoffen wir, dass ein Tag kommen werde, da unsere Augen sich öffnen und wir alle erkennen werden, dass wir eins sind und uns erlösen werden."*

Seit ich die Bücher von Kazantzakis entdeckt hatte, nahm ich alles, was ich auf dem Buchmarkt von ihm erstehen konnte, auf meine Reisen nach Griechenland mit. Er war mir zum Schlüssel geworden. Vom Athos hatte ich zwar schon viel gehört und gelesen. Den eigentlichen Impuls, dorthin zu pilgern, bekam ich aber erst durch die Lektüre seiner *Askese.*

Ein Kleinod kann, wie ein Edelstein, für sich allein existieren. Egal, ob er in einem Diadem gefasst ist, oder ein Evangeliar schmückt. So empfinde ich auch die Gedanken, Bilder und Metaphern von Kazantzakis. Auch in neuem Zusammenhang strahlen sie weiter.

Freiheit

Der Freiheitsdrang ist für die Griechen ein naher Verwandter sowohl des Glaubens als auch des Nationalbewusstseins. Die großen Dichter, wie Dionysios Solomos, Iannis Ritsos, Nikos Kazantzakis, Odysseas Elytis und viele andere singen das Hohe Lied der Freiheit. Nicht von ungefähr stammt die Parole *Freiheit oder Tod* von einem Geistlichen. Bischof Germanos von Patras hat sie auf seine Fahne geschrieben, die er zu Beginn des Freiheitskampfes gegen die Türken am 25. März 1821 weihte. Eben weil Mönche und Geistliche sich in diesem Freiheitskampf so leidenschaftlich engagierten und die Patronengürtel unter ihren Kutten versteckten, ist bis heute in Griechenland eine Grundsolidarität des Volkes mit der Kirche geblieben. Zudem ist nicht vergessen, dass die Kirche in den Zeiten der Überfremdung durch die türkischen Besatzer die eigentliche und einzige Bewahrerin der griechischen Kultur und Identität gewesen ist, insbesondere in den Klöstern des Athos.

Nikos Kazantzakis, dessen gesamtes Werk Freiheitsluft atmet, der den Athos und sein Kreta von innen kennt, bleibt aber allem Freiheitspathos gegenüber kritisch. Er schreibt in seinem berühmten Roman *Brudermörder* über den griechischen Bürgerkrieg von 1946 bis 1949: *Die Freiheit ist nicht allmächtig, ist nicht unsterblich. Auch sie ist ein Kind des Menschen.* Der Freiheitskampf ist schmerzhaft. Der Kampf des Mönchs gegen sich selbst nicht minder als der Kampf des Andarten gegen seine Unterdrücker. Mitunter werden die Mönche auf dem Athos auch Iroes, Helden genannt. Viele von ihnen scheinen aus dem gleichen Holz geschnitzt zu sein wie die kretischen Freiheitskämpfer. Nirgends wurden mehr Aufstände gegen die Türken gewagt, als auf Kreta. Nirgends wurde unter aufständischen Mönchen mehr Blutzoll bezahlt, als auf dem Athos. Besonders junge Mönche scharten sich um Emmanuil Pappas, der das von den großen Klöstern aufgestellte Heer in den Kampf gegen die Türken führte. Schon im ersten Jahr der Volkserhebung wurde dieses Heer besiegt. Die Türken rächten sich grausam. Sie nahmen Geiseln von den Metochien, den Außenstellen der Mönchsrepublik, darunter Frauen und Kinder. Viele flohen auf den Athos. Dort wurden sie und über einhundert Mönche ermordet. Die Eroberer zogen plündernd und brandschatzend durch die Klöster und vernichteten wertvolle historische Schätze und Dokumente. Der Zorn der Türken war grenzenlos, weil sie von dieser Seite keinen Widerstand erwarteten, zumal sie dem Athos in all den Jahrhunderten der Besetzung doch großzügig Freiräume zugestanden.

Sicher gibt es auch fanatische Mönche auf dem Athos. Sie sind aber im wesentlichen in einem Kloster konzentriert. Dort haben sie sich bewusst aus der Gemeinschaft des Athos ausgeschlossen. Sie wenden sich gegen ökumenische und liberalisierende Tendenzen in der orthodoxen Kirche. Sie sind aber nicht repräsentativ für den Geist des Heiligen Berges. Der Asket, der Einsiedler, der Kelliot, der Mönch aus allen Typen klösterlicher Gemeinschaft kämpft. Kazantzakis nennt die Gottsucher in der „Askese" *„salvatores dei"*, Gottesretter. Aber sie kämpfen nicht gegen andere Menschen, sondern gegen sich selbst, gegen ihre Trägheit und Unzulänglichkeit. Und sie kämpfen nicht für sich, sondern für Gott. *Wir kämpfen nicht für unser Ich, noch für unser Volk, noch für die Menschheit. Wir kämpfen nicht für die Erde und nicht für*

Ideen. Gott hat für Kazantzakis nichts mit *Glück, Wohlleben* und *Ruhm* zu tun, aber mit *Scham, Hunger* und *Tränen. Mein Gott ist nicht allmächtig. Er kämpft jeden Augenblick und ist stets in Gefahr, er erzittert, stolpert mit jedem Lebewesen, schreit auf.* Gethsemane wird da gegenwärtig und Golgatha, der leidende Gott, der sich in seiner Solidarität für den Menschen aufreibt und hingibt. Die Freunde Jesu sind vor dem Kreuz geflohen. An Ostern sind sie wieder zusammengerufen, an der neuen Schöpfung, an der Gestaltung der Welt und der Gemeinschaft der Menschen mitzuwirken und Gott neu zu Gehör zu bringen. *Wir können nicht gerettet werden, wenn er nicht gerettet wird.* Ostern ist nicht zum Zuschauen, sondern zum Mitmachen. *In uns, in den Menschen, in der dunklen Masse ist Gott am ersticken. Unsere Pflicht ist es, ihn zu befreien* und nicht wieder davonzulaufen, wenn Gott in Gefahr ist in den bedrohlichen Gethsemanes dieser Welt. Die Materie droht in den Gehirnen der Menschen zum Gefängnis Gottes zu werden. *Ich belagere jedes Gottesgefängnis mit dem Licht meines Geistes, mit der Flamme meines Herzens, ich poche an die Festung der Materie und suche ein Tor zu öffnen, um Gottes heroischen Ausbruch aus der Festung der Materie anzubahnen.*

Der „grüne“ Patriarch

„Das Verschwinden der Vorstellung von Vergöttlichung aus dem europäischen Denken hat gewaltig zur Umweltverschmutzung beigetragen.“ Dieser steile Satz des Breslauer Bischofs Jeremiasz von Wrozlaw (1943–2017) schreckt auf. Zuerst fragt man sich, ob beides überhaupt miteinander zu tun hat. Durchaus. Gott hat dem Menschen Teil gegeben am „göttlichen“ Schöpfungsakt. Und er hat dem Menschen den Heiligen Geist in dieser Verantwortung zur Seite gestellt, der schon bei der Schöpfung „über den Wassern schwebte“. Daraus ergibt sich die Erneuerung des Engagements für die Umwelt und alle Mitgeschöpfe. Gottes Gebot in Genesis 9,1 zur Beherrschung der Erde bringt die menschliche Verantwortung für die „Bewahrung der Integrität des Kosmos“ zum Ausdruck, ganz gewiss aber nicht „die maßlose Ausnutzung der natürlichen Ressourcen“(Georgios Vlantis). Der Ökumenische Patriarch Bartholomäos: „Der Kampf für die Bewahrung der Schöpfung ist eine zentrale Dimension des christlichen Glaubens ... Es braucht wieder mehr Respekt der Menschen untereinander, gegenüber den Tieren und allem Leben auf der Welt ... Die Sorge um die Umwelt ist wesentlicher Ausdruck kirchlichen Lebens ... So werden die Menschen zu Mitarbeitern Gottes und zu Verwaltern seiner Schöpfung.“ Schon in seiner Rede zu Beginn seines Patriarchats erklärte er das Engagement für die Umwelt als Priorität seines Amtes. In unzähligen Symposien, Seminaren und Konventen unter seiner Leitung: *Umwelt und religiöse Bildung (1994), Umwelt und Ethik (1995), Ägäisches Meer (1995) Umwelt und Kommunikation (1996), Umw*elt und *Gerechtigkeit (1997),*

Das Schwarze Meer (1997), Umwelt und Armut (1998), Der Amazonas, Quelle des Lebens (2006) – um nur einige zu nennen.

Doppeladler und Pfau II

Doppeladler und Pfau. Zwei allgegenwärtige Symbole in der orthodoxen Kirche. Der Doppeladler ist das Emblem des allmächtigen byzantinischen Kaisers und ziert noch heute die Fahne der Griechisch-Orthodoxen Kirche. Der Pfau hingegen ist Symbol für die Ewigkeit. In vielen Klöstern und in Gärten von Bischöfen und Patriarchen werden Pfauen gehalten. Es scheint ein ständiger Kampf dieser beiden Vögel um die Vormachtstellung in der Kirche stattzufinden. Der Doppeladler prangt vergoldet auf dem Nummernschild der Metropoliten-Karosse. Er ist aber auch sonst omnipräsent in den Kirchen, über der Kanzel, mitunter getoppt von der Taube des Heiligen Geistes, an Stuhllehnen, Ikonostasen und bischöflichen Thronen. Seine Krallen greifen Kandelaber, fassen Schäfte, tragen Baldachine. Seine Schwingen legen sich um heilige und weniger heilige Gefäße und Behälter. Aber auch dem Pfau kommt eine wichtige Stellung zu. Er ist zwar nicht so häufig dargestellt, aber da der Sinngehalt seines Abbildes „Ewigkeit" bedeutet, gehört er wesentlich zum geistlichen Leben der Kirche. Es scheint für alle Kirchen zu gelten: Wo der Adler gefüttert wird, droht der Pfau zu verhungern.

Die Spur des Doppeladlers als Symbol herrschaftlicher Größe reicht weit zurück. Zum ersten Mal nachgewiesen ist das doppelköpfige Wesen bei den Hethitern um 1600 v. Chr. in Kleinasien. Später gelangte es zu den Seldschuken und Byzantinern. Von letzteren haben es die russischen Zaren als auch die Serben und die Albaner übernommen. 1345 erscheint der Doppeladler erstmals auf dem deutschen Kaiserwappen, 1806 dann auf dem österreichischen.

Die Symbolgeschichte des Pfaus muss sich hier nicht verstecken. Der zum Rad entfaltete Schweif ist sowohl in Fernost als auch im archaischen Griechenland Symbol für die Sonnenscheibe. Die frühen Christen sahen in dem Rad des Pfauenschweifs mit den Pfauenaugen ein Abbild des Himmels. Plinius der Ältere schreibt, der Pfau sei Symbol der Auferstehung, denn er verliere im Herbst seine Federn und im Frühling wüchsen sie ihm wieder neu. Augustin behauptet sogar, das Fleisch des Pfaus sei unverweslich. Diese Anschauung muss weit verbreitet gewesen sein, denn der Pfau ist wohl aus diesem Grund häufig auf Sarkophagen, Epitaphien und Grabstelen abgebildet.

Nun ist mir auf meinen Reisen auf den Athos und dem Besuch vieler seiner Klöster nie ein Pfau zu Gesicht oder Gehör gekommen. Das mag das Ergebnis selektiver Wahrnehmung sein. Der Doppeladler hingegen ist auch hier allgegenwärtig, in den Kirchen, über Portalen, auf Zaunpfosten und auf Fahnen vor den Klostereingängen. Warum fehlt der Pfau? Ich spekuliere: Als Tier, das der Hera geweiht war, könnte es wohl im christlichen und im klösterlichen Kontext geduldet werden. Da Hera aber die Schutzgöttin der Ehe und Beschützerin der Frauen war, könnte der Pfau auf dem Athos gelinde gesagt als vollkommen überflüssig gelten.

Geflügelte Mäuse

Die Eucharistie war zuende. Die meisten Besucher standen schon vor der Kirche in der Sonne. Eine kleine Gruppe setzte sich auf die Stufen des Brunnens. Ein Mönch, offenbar ihr Verwandter, brachte ihnen Antidoron, kleine Stücke geweihten Brots vom Altar. Ich saß ihnen gegenüber auf einer niederen Mauer. Der Mönch hielt noch ein Stückchen in der Hand und aß ganz langsam und versonnen davon. Eine Maus kam aus ihrem Versteck beim Brunnen, um wie die Menschen das Glück der wärmenden Sonnenstrahlen zu genießen. Der Mönch hatte das wuselige Tierlein entdeckt und warf ein kleines Stück seines Antidoron zu ihm hin. Sofort war es zurück in seinem Versteck. Der Brotsamen aber lag genau davor. Nach kurzer Zeit kam die neugierige und unaufhörlich hungrige Maus, holte sich das bescheidene Überbleibsel vom Tisch des Herrn und verschwand. Plötzlich drehte sich der Mönch zu mir um, als hätte er sich beobachtet gefühlt. Ich wusste nicht, ob es ein Sakrileg war, einer Maus vom heiligen Brot zu geben. Hatte sich der Mönch ertappt gefühlt, oder suchte er einen Zeugen für dieses kleine Wunder? Ich lächelte und nickte ihm zu. Er winkte fröhlich zurück, als habe er einen Sieg errungen. Ob er Kazantzakis je gelesen hat, oder gar jene köstliche Stelle über die Kirchenmaus: „*Zwei Fledermäuse flatterten über mir mit weit aufgesperrtem Maul, sie flogen auf Jagd; sie waren Mäuse, das wissen die Weisen nicht, das Volk weiß es, sie waren einst Mäuse, die aber in der Kirche den Leib Christi, das geweihte Brot, gefressen und darauf Flügel bekommen hatten. Ich schaute mir im Halbdunkel ihren Mäusekörper an und bewunderte wiederum stolz die geheime Harmonie der Welt; Tiere und Menschen werden von denselben einfachen Gesetzen regiert; ähnlich wie das der Schwester Fledermaus, ist auch das Abenteuer der Seele des Menschen gewesen; auch sie war eine Maus, aß den Leib Christi, kommunizierte Gott und bekam Flügel.*"

Noch oft sind mir bei der Wanderung durch den Garten Mariens Verse, Metaphern und Fabeln von Kazantzakis in Erinnerung gekommen. Alle Geschöpfe sind für ihn transparent für die größere Wirklichkeit, die hinter ihnen steht. Basilius der Große nennt den gesamten Kosmos einen „Reigentanz zur Ehre Gottes." Auch das kann man auf dem Athos erfahren, dass sich das Große im Kleinen erschließt, und das Kleine immer auch auf das Große hinweist. Ich habe mehr Würmer auf den Wegen zwischen den Klöstern gesehen als draußen in der Welt. Auf der Suche nach Gott tritt man auf keinen Wurm. Das Würmchen ist für Kazantzakis ein Gleichnis für die kümmerliche Existenz des unerlösten Menschen. Franziskus sagt zu Frate Leone: „*Ich glaube, ich bin ein Würmchen. Tief in der Erde eingewühlt, von der ganzen Erde gedrückt. Da fange ich an, den Boden zu durchlöchern. Ich öffne eine Röhre nach oben, um durch die Schale zum Licht vorzudringen. Schwere Arbeit, die ganze Erde zu durchlöchern! Aber ich habe Geduld. Mir ahnt, wenn ich erst am Licht bin, werde ich ein Schmetterling.*" Und später zu Schwester Clara: „*Wieviel Mühen, o mein Gott, muss das unselige Würmlein durchmachen, bis es zum Schmetterling wird.*"

Weil ich Schnecken nicht besonders mag, schon gar nicht als Feinschmeckergericht, bin ich mitunter in Gefahr, sie etwas rücksichtslos mit dem Stiefel aus dem Weg zu räumen. Dann fand ich in Kazantzakis Buch über den Heiligen Franziskus diese Stelle:

„Das allererste Tierchen, das am Eingang des Paradieses erschien, war die Schnecke. Petrus bückte sich und streichelte sie mit seinem Stab: „Was suchst du hier, mein Schnecklein?" Fragte er. – „Unsterblichkeit", versetzte das Schnecklein. Petrus brach in Lachen aus. – „Unsterblichkeit? Was willst du damit anfangen?" – „Lache nicht, sprach die Schnecke. Bin ich nicht auch Gottes Geschöpf? Bin ich nicht Gottes Sohn, genau wie der Erzengel Michael? Ich bin der Erzengel Schneck! – Wo sind deine goldenen Fittiche, die roten Königssandalen, das Flammenschwert? – In meinem Innern schlafen sie und warten. – Worauf? – Auf den großen Augenblick. – Welchen? – Diesen!" Und wie die Schnecke „diesen" sagte, tat sie einen Satz, als wolle sie fliegen, und sprang ins Paradies."

Schwalbenfisch

Viele Fische schwammen und spielten glücklich im weiten Meer. Plötzlich entfaltete ein Schwalbenfisch seine Flossen wie Flügel und machte einen Sprung aus dem Meer. Er hatte es in der Sklavennatur des Fisches nicht ausgehalten, dass er das ganze Leben im Wasser lebe, sehnte sich danach, sein Schicksal zu überwinden, freie Luft zu atmen, ein Vogel zu werden. Für einen Augenblick nur, solange er es aushalten konnte, doch es genügte; dieser blitzartige Augenblick war die Ewigkeit. Das heißt Ewigkeit.

Diese Parabel vom fliegenden Fisch, zu der Kazantzakis durch ein minoisches Wandgemälde im Palast von Knossos inspiriert wurde, hat mich vom ersten Augenblick an fasziniert, um nicht zu sagen, beglückt. Dieser kleine Fisch lässt sich nicht beeindrucken von der Meinung aller anderen Meeresbewohner, es gäbe nichts außer Wasser. Das sei die einzige, die erste und letzte Wirklichkeit. Der Schwalbenfisch aber lässt sich nicht beirren. Er nimmt alle Kraft zusammen, springt über die Wasseroberfläche hinaus und erblickt die Sonne, atmet die Luft und erfährt die Freiheit. Er erhascht einen Augenblick der Ewigkeit. Der kleine Fisch wird bis in Ewigkeit sein großes Erlebnis weitererzählen und versuchen, soviel Meeresbewohner wie möglich davon zu überzeugen, dass Wasser nicht alles ist, dass hinter dem gewohnten Lebenselement noch eine viel größere, tiefere, höhere Lebensdimension verborgen ist. Kazantzakis fährt fort: „*Ich betrachtete mit großer Erschütterung und mit Mitleid diesen Schwalbenfisch, als wäre er meine Seele. Suchte auch Christus, der Fisch, nicht das gleiche, nämlich das Schicksal des Menschen zu überwinden und sich mit Gott, das heißt, mit der absoluten Freiheit zu vereinen?"*

Für mich ist dieser bildhafte Text ein Schlüssel zum literarischen, philosophischen und theologischen Schaffen des Nikos Kazantzakis. Dieser Eros, der den Menschen über die empirische Dimension hinausdrängt, durchzieht sein ganzes Werk. Es ist dieselbe Leidenschaft, mit der der aus dem Paradies vertriebene Mensch seine Gottähnlichkeit wiederzuerlangen sucht. Die Orthodoxie nennt dies Theosis, Vergottung. Dass Kazantzakis ganz entscheidend vom orthodoxen Glauben geprägt war, steht außer Zweifel. Der aus dem Paradies vertriebene Mensch verlor zwar seine Gottähnlichkeit, seine Gottebenbildlichkeit aber ging nie ganz verloren. Die Vergöttlichung des Menschen darf nicht mit der Hybris verwechselt werden, Gott gleich sein zu wollen. Die Schwalbenfischparabel enthält nahezu alle wesentlichen Themen und Gedankenansätze, die das gesamte Werk von Kazantzakis durchziehen: Der Kampf um die Freiheit, das Hinaufdrängen des Menschen, das Sein hinter den Dingen, das Ziel des Menschen und der Kampf zwischen Geist und Materie. Letzterer wird heute oft als Dualismus verhöhnt. Das aber kann nur dort geschehen, wo die zwei Seiten der einen Medaille als Gut und Böse, Schwarz und Weiß auseinander dividiert werden. Nein, beide Seiten sind in gleicher Weise real und doch unendlich verschieden.

Entfaltung

Ich kam dazu, wie ein Abt einer Besuchergruppe erklärte, warum sie als Mönche auf den Athos gekommen seien. Sie wollten dem Lärm der Städte entfliehen, weil dort die Stimme Gottes immer weniger zu hören sei. Und sie wollten von dem langen Atem der Natur, von ihrer Ruhe und ihrem Gleichmaß den Rhythmus göttlicher Geduld mit den Menschen lernen. Mich sprach dieser Gedanke sehr an. Mir kam in Erinnerung, wie schmerzlich für den jungen Kazantzakis die Erfahrung der zerstörerischen Kraft menschlicher Ungeduld war: „*Einmal hatte ich vom Stamm eines Ölbaumes eine Larve in ihrer durchsichtigen Hülle abgenommen und sie in meine Handfläche gelegt; ich sah durch die durchsichtige Schale ein lebendiges Etwas sich rühren, der mystische Prozeß muß wohl zu Ende gewesen sein, und der künftige, noch gefangene Schmetterling wartete in heimlicher Aufregung, dass die heilige Stunde komme, in der er ins Sonnenlicht hervortritt. Es eilte ihm nicht, er vertraute dem Licht, der lauen Luft, dem ewigen Gesetz Gottes und wartete. Doch ich hatte es eilig; ich wollte so bald wie möglich das Wunder sich vollziehen sehen, wie das Fleisch aus seinem Grab und aus seinem Totenhemd sich emporschnellte und Seele wurde. Ich beugte mich darüber, um meinen warmen Atem darauf zu hauchen, und bald zeichnete sich ein kleiner Riss am Rücken der Larvenschale ab, allmählich riss sich das ganze Totenhemd von oben bis unten auf, und es erschien, noch eingeklemmt, mit gekrümmten Flügeln, die Füße am Leib klebend, ganz grün, der noch nicht fertige Schmetterling. Er zuckte leise, und immer mehr bekam er Leben unter meinem beständigen warmen Hauch; der eine Flügel entfaltete sich, grün wie ein knospendes Blatt der Silberpappel, und begann zu zucken und sich zu bemühen, sich ganz und gar zu entfalten, doch vergebens; er blieb halb geöffnet und zerknittert. Bald bewegte sich auch der andere Flügel, mühte sich auch, sich zu entfalten, sich aufzuspannen; doch er vermochte es auch nicht, blieb halb geöffnet und zitterte. Und ich, mit der Impertinenz des Menschen darübergebeugt, hauchte meinen warmen Atem über sie, doch die halbfertigen Flügel waren nun steif geworden und hingen steif herab. Mein Herz stockte; mit meiner Eile und indem ich gewagt hatte, ein ewiges Gesetz zu verletzen, hatte ich den Schmetterling getötet. In meiner Hand hielt ich nun eine Leiche. Es vergingen viele Jahre, doch diese leichte Leiche des Schmetterlings von damals lastet noch heute auf meinem Gewissen. Der Mensch hastet, Gott hastet nicht, deswegen sind die Werke des Menschen unsicher und halbfertig, und die Gottes vollkommen und sicher. Meine Augen füllten sich mit Tränen, und ich schwor, daß ich niemals mehr dieses Gesetz übertreten würde, daß ich mich wie ein Baum vom Regen benetzen, von der Sonne bescheinen und vom Wind anwehen lassen und mit Vertrauen warten würde; die langersehnte Stunde der Blüte und der Frucht würde kommen.“*

Entfaltung ist Leben. Sie gibt und lässt dem anderen Zeit. Alles Gedeihen hat eine Sehnsucht nach Blühen, nach neuem Leben und damit ein Ziel. Alle erdgebundene Schwerkraft wird durch die Entfaltung überwunden. Hat der Schöpfer alle Lebewesen vor ihrer Erschaffung sorgfältig zusammengefaltet, damit sie, wo sie ins Leben treten, sich selbst entfalten können? Die Sorgfalt des Hervorbringers hat allen Lebenskernen die Vielfältigkeit mitgegeben, den Samen, Genen, Zellen, Atomen, Molekülen und Seelen. Allen hat er ihre je eigene Zeit der Entfaltung mitgeschaffen. Entfaltung weist über sich selbst hinaus, in neues Leben. Sie weiß von einer Bestimmung. Das Senfkorn kennt den großen Plan seiner Entfaltung. Die selbstwachsende Saat weiß von ihrem Maß. Lachen und Weinen, Geborenwerden und Sterben haben ihre Zeit. Entfaltung braucht Sorgfalt, in der Natur, in der Seele, in menschlichen Beziehungen, im Glauben. Kinder, Tiere, Pflanzen, das eigene Ich, die Mitmenschen, alle haben Anspruch auf diese Sorgfalt. Entfaltung des Lebens braucht aber noch mehr als Raum, Zeit und Sorgfalt. Sie braucht eine Vision, ein Licht, das Neuland sichtbar macht. Die Raupe träumt davon, Schmetterling zu scin. Das Kraut wächst über sich selbst hinaus und treibt Blätter bis eine Blüte geboren wird, die ihren Samenstand dem Wind anvertraut. Entfaltung ist aber auch Entblätterung, Entblößung, Gefährdung. Das Verletzliche kommt zum Vorschein. Der Kokon wird brüchig. Das Verborgene kommt ans Licht. Das Innerste wird offenbar. Dabei wird aber das Leben gewonnen und nicht verloren. Lieber einen Tag lang Schmetterling, als ein Leben lang Raupe.

Für Kazantzakis ist Entfaltung Freiheit. Er nutzt sie, er nimmt sie sich heraus aus dem Überfluss des göttlichen Füllhorns. In seinem Tagebuch finden sich Gebetsworte, die den Freiheitsdrang und den tiefen Glauben dieses Schriftstellers und modernen Heiligen in ihrer Spannung und Tiefe verdeutlichen: *„Ich danke Dir mein Gott, dass Du mich frei gemacht hast von der Wissenschaft, der Wahrheit, der Kunst, der Pflicht, von allen diesen Worten und diesen Idealen. Nur Du, Ewiger, in Deiner Ruhe, vermagst die tiefe Unruhe meines Herzens zu stillen.“*

Kirchenspaltung

Das bis heute gespannte Verhältnis zwischen der Orthodoxie und Rom ist bekanntlich eine Folge des Schismas, der Kirchenspaltung von 1054. Auch sie hatte ihre Vorgeschichte. Als aber Kardinal Humpert von Silva Candida als Sonderbotschafter von Papst Leo IX. während einer Liturgie in der Hagia Sophia die päpstliche Bannbulle gegen den Patriarchen auf den Altar legte, reagierte dieser prompt und exkommunizierte alle Lateiner. Die Unduldsamkeit auf beiden Seiten war auf ihrem Höhepunkt. Das dunkelste Kapitel dieses Streites ist sicher die Einnahme und Zerstörung des orthodoxen Konstantinopels durch die lateinischen Kreuzfahrer 1204. Sie verwüsteten die Stadt und nahmen der Orthodoxen Kirche all ihre Besitzungen. Auch die Klöster auf dem Athos blieben nicht verschont. Sie wurden geplündert. Mönche wurden gefoltert. Viele wurden ermordet, weil sie sich der Union mit Rom widersetzten. Besonders dreist wurde es von den Orthodoxen empfunden, dass der Papst nun auch noch einen Lateiner als Patriarch von Konstantinopel einsetzte. Die Rückeroberung der Stadt durch die Byzantiner 1261 leitete auch auf dem Athos eine Blütezeit der Orthodoxie ein, die bis zur Eroberung Konstantinopels 1453 durch die Türken andauerte. Im Kloster Zographou ist diese Legende überliefert: „Mitten im Wald an einem Bach stand unweit vom Kloster Zographou die Hütte eines bulgarischen Einsiedlers. Über alles verehrte er eine alte Ikone der Panagia. Täglich sang er vor ihr den Akathistoshymnos. Er ist sehr lang und darf nicht im Sitzen gesungen werden, wie der griechische Name schon sagt. Auch andere Mönche kamen, um mit ihm zu beten und zu singen. Bald war seine

Ikone als Panagia Akathistos überall bekannt. Eines Tages, als der Einsiedler sich der Ikone zum Gebet näherte, fing sie plötzlich an zu reden. In eindringlichen Worten warnte sie vor nahenden Feinden und beauftragte ihn, es im nahen Kloster zu melden. Die Ängstlichen sollten in die Berge fliehen, wer aber den Mut zum Martyrium habe, solle bleiben. Als er zum Kloster kam, entdeckte er dort an der Mauer seine Akathistos-Ikone. Bis auf den Abt und sechsundzwanzig Mönche flohen alle in die Berge. Die Zurückgebliebenen versteckten sich im Turm. Bald schon kamen die Feinde. An der Spitze des lateinischen Rittertrupps ritt der Papst auf einem weißen Pferd. Sie konnten die standhaften Mönche nicht zur Übergabe bewegen. So schichteten sie Holz um den Turm und zündeten es an. Man hörte, wie die Mönche sterbend den Akathistoshymnos sangen. Die Prophezeiung von ihrem Märtyrertod war in Erfüllung gegangen. Später fand man neben den verkohlten Leichen das unversehrte Akathistos-Bild.

Eine andere Version erzählt, der Papst sei durch Flammen, die aus den Wänden des Torwegs hervorloderten, am Betreten des Klosters gehindert worden. Ein Gedenkstein erinnert noch an den Turm. Die bulgarische Inschrift nennt das Datum des Wunders, den 10. Oktober 1274. Schließlich gibt es noch diese Variante: Das Kloster Zographou wurde vom Patriarchen Wekkos erobert. Die bei den Kämpfen getöteten Mönche wurden auf Geheiß des Papstes verbrannt, ihre Schädel im Protaton (Hauptkirche) in Karyes beigesetzt. Im 14. Jahrhundert wurde der Graben zwischen Rom und Konstantinopel nochmals vertieft. Der Theologe Barlaam von Seminara in Kalabrien greift die Meditationspraxis der Athos-Mönche an, die behaupten, durch innere Ruhe (hesychia) zu Ekstase und zur Erleuchtung durch das Licht Gottes zu kommen. Er hält dies für Aberglauben und verklagt die sogenannten Hesychasten als Häretiker beim Patriarchen. Er nennt sie Nabelseelen, weil sie sich zur Vertiefung am Beginn des Meditierens auf den Bauchnabel konzentrieren. Der gebildete Mönch Gregorios Palamas verteidigt sich und seine Mitbrüder in einer Flut von Streitschriften gegen Barlaam. Der Streit eskaliert zum Bürgerkrieg. Palamas wird vom Patriarchen exkommuniziert. Nach dem Sieg seiner Partei aber wird er Bischof von Thessaloniki. Schließlich wird seine Lehre in der gesamten Orthodoxie als verbindlich angesehen. Schon wenige Jahre nach seinem Tod wird er heiliggesprochen.

Die distanzierte Haltung gegenüber Rom ist noch heute gelegentlich auf dem Athos zu beobachten. Im Gästebuch des Klosters Dionysiou finden wir folgenden Eintrag eines fanatischen deutschsprachigen Katholiken aus dem Jahr 1976: „Ich grüße von hier aus Seine Heiligkeit Papst Paul VI." Und das nach bitteren Vorwürfen, die er davor den Klosterbrüdern ins Stammbuch geschrieben hat. Wir sind auch der Meinung, dass es nicht gerade christlicher und griechischer Gastfreundschaft entspricht, uns Protestanten und Katholiken nicht am Abendgebet in der Kirche teilnehmen zu lassen. Ansonsten zeigen die Mönche keinerlei Ablehnung. Wir fühlen uns sogar wohl umsorgt. Trotz aller Weltabgeschiedenheit zeigt sich das Leben auf dem Athos mitunter auch von seiner menschlichen Seite. Ein junger orthodoxer Mönch nimmt den lateinischen Priester beiseite und fragt ihn nach Zigaretten.

Heiliger Geist

Paulus nennt die Gemeinschaft, die der Heilige Geist zusammenrief, „Leib Christi“ (Römer 12,5/2. Korinther 13,13.). Christus ist folglich das Haupt des Leibes (Kolosser 1,18). Auf dieses Verständnis und diese Definitionen beziehen sich alle Christen, wenn sie das Geheimnis der Kirche erklären wollen. Für die einen im Westen ist sie der Leib Christi, weil ihr Haupt Christus ist. Für dic orthodoxen Christen im Osten dagegen ist ihre Existenz darin begründet, dass sie vom Heiligen Geist an Pfingsten ins Leben gerufen wurde. Der Heilige Geist ist eine Kraft, ein Geschehen, ein Ereignis, dem sich menschliches Verstehen vor allem in Symbolen nähert: Als *Taube* bringt sie die Botschaft der Rettung nach der Sintflut. Als *Wind/Sturm* macht er seine Wirkung sichtbar und spürbar. Als *Feuer* kann er alles verwandeln und erneuern. Als *Atem/Odem* ist er die von Gott gegebene Kraft des Lebens. Für die Orthodoxen sind Sohn und Heiliger Geist die rechte und linke Hand des Vaters, jedoch von gleichem Rang in der Trinität. Im Glaubensbekenntnis der alten byzantinischen Tradition heißt es: *„... Wir glauben an den Heiligen Geist ..., der aus dem Vater hervorgeht ...“*. Dies wurde auf mehreren Synoden im Westen ergänzt, indem man hinzufügte *„und aus dem Sohn“ („filioque“).* Damit sollte verdeutlicht werden, dass der Heilige Geist dem Sohn untergeordnet ist. Man folgte Augustin, der den Heiligen Geist mehr als Kraft und Relation verstanden wissen wollte, denn als eine Person der Heiligen Trinität. Die Folge dieser unterschiedlichen Sichtweise im orthodoxen Kontext einerseits und im katholischen andrerseits war, dass man die Lehre vor der Kirche (Ekklesiologie) im Osten der Lehre vom Heiligen Geist (Pneumatologie) zuordnete und im Westen der Christologie. Nicht von ungefähr beginnt in der orthodoxen Liturgie jede sakramentale Handlung mit der Anrufung des Heiligen Geistes (Epiklese). Der Heilige Geist ist nicht nur ein Geschenk Gottes, sondern selbst ein Geber, ein Schöpfergeist, er repräsentiert das Handeln Gottes auf der Erde. Im Abendmahlverständnis lässt sich dieser Unterschied auch entdecken. Die katholische Tradition wiederholt das Opfer Christi in der Wandlung. In der orthodoxen Eucharistie wird Jesu Opfertod (nur) vergegenwärtigt als Werk des Heiligen Geistes.

Die Überbetonung der Christologie zulasten der Geisteslehre (Pneumatologie) führte im katholischen Abendland zu einer Geistvergessenheit, wobei es eine Fülle von Vertonungen des „Veni creator spiritus" („komm Schöpfer Heiliger Geist") gibt. Es ist ein in der westlichen Kirche sehr seltenes Gebet, das den Heiligen Geist um Beistand bittet. Die Einsicht, dass hier ein Mangel herrscht, begann sich erst nach und nach im Westen durchzusetzen. Hier einige Zitate:

Emil Brunner: „... wir sind arm an Heiligem Geist."

Wolfgang Trillhaas: „Verlegenheit der Kirche angesichts des Pfingstfestes."

Otto Dilschneider: „Geistvergessenheit der Theologie."

Karl Barth: „Wir alle haben es dringend nötig, den Heiligen Geist viel ernster zu nehmen, als es in der Regel geschieht."

Walter Kasper: „Die Erneuerung der Pneumatologie dürfte gegenwärtig zu den wichtigsten Aufgaben der Theologie gehören."

Für die Orthodoxen ist der Heilige Geist schon bei der Schöpfung als Geist Gottes (Ruah Jahwe) aktiv, „der über den Wassern schwebte". Er ist auch in der Kirche der Gegenwart lebendig. Diese Erinnerung an die Realität der Wirkung des Heiligen Geistes in der Kirche der Gegenwart verdankt der Westen der orthodoxen Glaubensgeschwistern. Die entscheidende Initiative zur Gründung einer modernen ökumenischen Bewegung nach der Weltmissionskonferenz in Edinburg kam 1920 vom Orthodoxen Patriarchat in Konstantinopel. Dass ausgerechnet zur Zeit dessen größter Krise und Schwäche und sogar während seiner Vakanz ein so wichtiger Impuls für die Weltchristenheit ausging, zeigt dass der ökumenische Geist seine Kraft nicht aus der Stärke, sondern aus der Bescheidenheit Christi bezieht. „Der Geist hilft unsrer Schwachheit auf."

Theosis

Theosis, die Vergöttlichung des Menschen, ist in den orthodoxen und altorientalischen Kirchen ein zentraler Begriff für das Leben eines Christenmenschen. Das ist der Weg des Menschen zu Gott. Ganz sicher ist damit nicht die Apotheose, die Erhebung eines Menschen zum Gott, wie sie Napoleons Zeitgenossen ihrem Kaiser angedeihen lassen wollten, gemeint. Auch nicht die „göttlichen" Potentaten der Antike, Pharaonen, Kaiser und Könige. Die volkstümliche Lebensweisheit hierzulande „Der Mensch denkt und Gott lenkt" entspricht insofern dieser orthodoxen Glaubensaussage der „Theosis", als darin das Zusammenwirken, die Synergie zwischen Gott und Mensch zum Ausdruck kommt. Der Mensch ist nicht fähig, seine von Gott gegebene Lebensbestimmung durch Fasten, Kasteiung, Meditation oder jedwede eigenen Werke zu erreichen. Er kann dies nur mit Gottes Beistand. Dennoch gibt es in der orthodoxen Frömmigkeitspraxis eine wichtige Tradition der Meditationstechnik, die vor allem im Mönchtum beheimatet ist. Durch den biblischen Gebetsruf „Herr Jesu, Sohn Gottes, erbarme dich meiner" soll die Mahnung des Apostels Paulus in 1.Thessalinicher 5,17 „Betet ohne Unterlass!" eingehalten werden. Zu diesem Jesusgebet gehört auch eine Atemtechnik, die dabei helfen soll, sich von den weltlichen Gedanken und Gefühlen zu lösen. Nur wenigen gelingt es, dabei ein als göttlich empfundenes Licht zu sehen. Es sei ganz weiß, und dadurch vom warmen Sonnenlicht unterschieden. Die zentrale biblische Begründung der „Theosis" sieht die orthodoxe Theologie im 2.Petrusbrief 1,4: „Uns ist die Verheißung geschenkt: Ihr werdet Anteil bekommen an der göttlichen Natur, weil ihr den verderblichen Begierden entkommen seid.“ Der aus dem Paradies vertriebene Mensch hat dabei seine Gottähnlichkeit, nicht aber seine Gottebenbildlichkeit verloren. Der Mensch ist nach dem Bild und Gleichnis Gottes geschaffen. Dies bleibt seine Bestimmung auch nach dem Sündenfall. Die Kirche ist „Leib Christi“. In der Taufe, der zweiten Geburt, wird man Glied dieser neuen Gemeinschaft, im Abendmahl wird sie immer wieder gefestigt. Großer Wert wird von zeitgenössischen orthodoxen Theologen darauf gelegt, zu betonen, dass Theosis kein magischer oder pantheistischer Akt ist, sondern ein „ethischer Vorgang“, so z. B. Anastasios Kallis. Nichts ist Gott ähnlicher als die Liebe. Sie ist das Ziel alles Guten. Sie verbindet Gott und Mensch. Hier ist eine tiefe Verbindung mit Luthers Denken. Für ihn ist nicht der Glaube, sondern die Liebe die Erfüllung des Gesetzes. Luther verbindet seine Theologie der Liebe mit der Vergöttlichungslehre. Rechtfertigung ist die wahre Vergöttlichung. Sie ist Gottes Werk allein. Wo der Mensch sie annimmt, hat er Anteil an Christus. Luther: „Wie der Mensch soll vergottet werden, daraus habe man Leitern gemacht, darauf man gen Himmel steige. Dein ganzes Leben gar soll gottisch sei.“ Und in seiner Weihnachtspredigt von 1514: „Wie das Wort Gottes Fleisch geworden ist, so ist es gewiss notwendig, dass auch das Fleisch Wort werde ... Gott wird darum Mensch, damit der Mensch Gott werde.“ Dies geschieht nach Luther durch das Wort Gottes. Die Orthodoxen sehen da die göttliche Energie am Werk, die zusammen mit der menschlichen Bemühung geschieht. Auffallend ist, dass für Luther die „deifactio“ (Vergöttlichung=Theosis) offensichtlich wichtiger ist, denn er nennt sie in seinen Schriften öfter als die „theologia crucis“. Der württembergische Reformator Johannes Brenz meint dazu: „Die an Christus glauben, empfangen die göttliche

Majestät und werden Söhne Gottes, d. h. selbst Götter." In der lutherisch-orthodoxen Dialogkommission war man sich schließlich einig, dass nur der richtig vergöttlicht ist, der seinen Nächsten liebt, wie sich selbst. Nochmal Luther: „Die Liebe – nicht der Glaube – ist die Erfüllung des Gesetzes."

Metamorphose

Dass die Wirklichkeit nicht eindimensional ist, begleitet das Denken der Menschen wohl zu allen Zeiten. In der Orthodoxie ist dies noch sehr lebendig. Was in der Malerei die Dreidimensionalität ist, erfährt der gläubige Mensch in der Tiefendimension des Lebens, die sich nicht in der sinnlichen Wahrnehmung erschöpft. Es muss noch eine weitere Daseinsform geben, als jene, die mit den Sinnen erfasst werden kann. Diese Einsicht ist auch im westlichen Denken mehr oder weniger latent vorhanden, allerdings nicht in der Art, dass man wie in der östlichen Glaubenswelt einen Wandel von der einen in eine andere Dimension wahrnehmen kann. Dort nennt man diesen sichtbaren Wandel Transfiguration oder Metamorphose. Diese Wechselwirkung ist ein wesentliches Moment orthodoxer Frömmigkeit. Deshalb spielt die Verklärung Jesu eine so wichtige Rolle im orthodoxen Kirchenjahr. Der Gestaltwandel ist ein allgegenwärtiges Phänomen in der griechischen Mythologie. *Pygmalion, Philemon und Baucis, Narziß, Apoll und Daphne* – um nur einige Beispiele zu nennen. Ovid nennt in diesem Zusammenhang auch den Wandel vom Chaos zum Kosmos. Sicher darf die mythologische Metamorphose keineswegs als Vorstufe des christlichen Denkens gesehen werden. Aber das Verhältnis zwischen Gott und Jesus ist für dessen Zeitgenossen so unvorstellbar und doch real, dass es nahe lag, wenn archaische Analogien aufgegriffen wurden. Für uns im Westen hat Luther eine entscheidende etymologische Weiche gestellt. Er übersetzt das griechische Wort „verwandeln" mit „verklären". Damit ist das Geschehen zwar dem Verdacht mythologischer Denkweise enthoben, jedoch einem neuen

Glaubensmysterium anheimgegeben. Jesus erscheint seinen auserwählten Jüngern in einem neuen Licht: „Sein Gewand war weiß wie der Schnee und sein Gesicht war verklärt." (Matthäus 17) Ein Verliebter sieht seine Angebetete in einem neuen Licht, eben verklärt wahr, obgleich sie dieselbe Person bleibt.

Am 6. August wird in den orthodoxen Kirchen das Fest der Metamorphosis, der Verklärung Christi gefeiert. Die Geistlichen tragen dabei ausschließlich weiße Gewänder. Auch aller Schmuck in der Kirchen ist weiß an diesem Tag. Die kirchliche Tradition hat dieses Ereignis dem Berg Tabor in Galiläa zugeschrieben, kann sich dabei aber nicht auf einen biblischen Hinweis berufen. In der evangelischen Tradition gehört die Metamorphose zum letzten Sonntag nach Epiphanias.

Die Metamorphose ist bei dem griechischen Schriftsteller Nikos Kazantzakis eine häufig gebrauchte Metapher für den Wandel. Die Raupe wird zum Schmetterling. Sie nimmt eine neue Gestalt an, ist aber immer dasselbe Wesen. Er schreibt: „Drei Geschöpfe Gottes zogen mich immer wieder an: die Raupe, die Schmetterling wird, der Schwalbenfisch, der aus dem Wasser emporspringt, indem er seine Natur überwinden will, und die Seidenraupe, die ihr Eingeweide in Seide verwandelt."

Liturgie

Der katholischen Messe entspricht die Eucharistiefeier in der orthodoxen Kirche. Der sonntägliche Gottesdienst mit Abendmahl wird Liturgie genannt. Er beginnt damit, dass die Priester ihre gottesdienstlichen Gewänder in einer festgelegten Form und unter der Rezitation biblischer Worte anlegen. Auch die Gaben des Altars werden in der Proskomidie für die Kommunion vorbereitet. Beides geschicht in unseren Sakristeien entsprechenden Nebenräumen des Altars. Ein Diakon liest in dieser Zeit Stundengebete für die Gemeinde. Der erste Teil des sogenannten Wortgottesdienstes ist die Liturgie der Katechumenen. Hier dürfen auch die noch nicht Getauften teilnehmen. Da werden Fürbittgebete (Ektenien) und Psalmgebete (Antiphonen) vorgetragen. Auch die Seligpreisungen haben hier einen festen Platz zu Beginn der Liturgie. Für den unkundigen Gottesdienstbesucher ist der kleine Einzug ein sichtbares Zeichen im Verlauf der Liturgie. Der Priester zieht mit Messdienern entsprechenden Begleitern in die Kirche ein. Er trägt das heilige Evangeliar in einer kleinen Prozession durch die Gemeinde. Hier erklingt das Trisagion, einer der ältesten christlichen Hymnen: „Heiliger Gott, heiliger starker Gott, heiliger unsterblicher Gott.“ Dies entspricht dem dreimaligen Sanctus in der westlichen Tradition. Der Höhepunkt des Wortgottesdienstes ist dann die Schriftlesung aus dem Evangelienbuch, die nur dem Priester vorbehalten ist. Die vorausgehenden Texte sind aus dem Alten Testament und aus den Episteln entnommen und werden von Diakonen gelesen. Früher schloss sich die Predigt an die Evangeliumslesung an. Heute findet sie meistens am Ende der Liturgie statt. Mit einem Gebet für die

Katechumenen, die in alten Zeiten hier den Gottesdienst verlassen mussten, endet dieser erste Teil der Liturgie.

Nun beginnt die sogenannte Liturgie der Gläubigen. Am deutlichsten ist dies für Gäste aus dem Westen am Großen Einzug zu erkennen. Der Priester zieht nun mit seinen Helfern in einer feierlichen Prozession ein. Hereingetragen werden die Gaben des Altars, Brot und Wein und deren Gefäße Kelch und Diskos. Dazu erklingt der festliche Cherubimhymnus. Glaubensbekenntnis und der Austausch des Friedensgrußes signalisieren Ziel und Ende der Gemeinschaft der Heiligen. Bei der anschließenden Kommunion werden in der Regel neben Erwachsenen viele getaufte Kinder von ihren Müttern zum Kelch getragen. Alle bekommen Brot und Wein in gemischter Form auf einem kleinen Löffel aus dem Kelch gereicht. Das gesamte liturgische Geschehen ist ständig begleitet von neuen Besuchern, die ihre Kerzen bringen und die Ikonen küssen. Auch kleine Kinder lassen sich gern von ihren Großmüttern zu den Ikonen hochheben. Niemand stört sich an auf dem Boden sitzenden und miteinander spielenden Kindern. Gelassen birgt die seit nahezu zweitausend Jahren festgefügte Liturgie alles in ihrem Schoß.

Gottes Dreieinigkeit

Im ersten gemeinsamen Glaubensbekenntnis der Christen werden Gott Vater und der Sohn als wesensgleich bezeichnet. Arius, ein Kirchenvorstand aus Alexandria protestiert heftig dagegen. Für ihn ist Jesus ein Geschöpf Gottes, also erschaffen und nicht gezeugt. Ein Gott könne nicht am Kreuz sterben. Und, wenn Sohn und Heiliger Geist Gott gleichgestellt seien, würde das dem Monotheismus widersprechen. Sie seien, so Arius, aber Gott untergeordnet. Dagegen wächst in der kirchlichen Hierarchie ein heftiger Widerstand: Gott, Sohn und Heiliger Geist sind gleichrangig. Damit wurde die Trinitätslehre zum allgemein verpflichtenden Dogma erhoben. Die drei Personen oder Gestalten der Trinität werden von Anfang an in Ost und West unterschiedlich definiert. Die Orthodoxie im Osten sieht darin drei unterschiedliche Daseinsformen oder Existenzen. Im Westen dagegen unterscheidet man Wesensmerkmale. Die Reduzierung auf einen Ost-West-Gegensatz allerdings übersieht die unterschiedlichen regionalen Entwicklungen. Viele Bischöfe aus dem Osten waren gegen den trinitarischen Gedanken des Bischofs Athanasius aus Alexandria. Und der Mailänder Bischof Ambrosius zeigte durchaus Verständnis für östliches Denken. Auffallend ist die Vorliebe der germanischen Völker wie der Goten und Vandalen, Jesus nicht als Gott, sondern als Mensch zu sehen. Kaiser Justinian, der Erbauer der Hagia Sophia, hat das Vandalenreich in Nordafrika deshalb ausgelöscht. Was im ganzen Mittelmeerraum, also im westlichen wie im östlichen Christentum zum eigentlichen Merkmal des Unterscheidens wurde, waren die Begriffe für den Gottessohn. War er „wesensähnlich“ oder „wesensgleich“ mit dem Vater? Das Denken über Jesu Seinsweise blieb in der ganzen christlichen Welt lebendig und kontrovers. Alexandria bleibt zwar die Hochburg der Feinde des Arius. Viele Bischöfe aber aus dem Osten, insbesondere in Syrien, waren auf der Gegenseite. Schon Mitte des 4. Jahrhunderts wurde die Theologie von Alexandria auf einem Konzil in Béziers verurteilt. Die Germanen folgten gern einem Jesus, der Mensch geblieben ist, wie einem Stammesführer. Andrerseits hinterließ der historische Jesus bei vielen seiner Zeitgenossen einen so tiefen Eindruck, dass sie als spätantike Menschen nicht den geringsten Zweifel an seiner göttlichen Natur als Christus des Glaubens hatten.

In den weiteren theologischen Diskursen spielte die Frage von Gottes Präsenz in Jesus Christus eine zentrale Rolle. Die sogenannten Monophysiten vertraten kämpferisch die Ansicht, dass sich das Göttliche und das Menschliche in der Inkarnation zu einer einzigen göttlichen Natur in Jesus vereint hat. Andere dagegen kämpften für die Zweinaturenlehre. In der orthodoxen Welt ist mehrheitlich die Vorstellung verbreitet, Sohn und Heiliger Geist entsprächen rechtem und linkem Arm des Vaters. Der Sohn sei gezeugt, der Heilige Geist gehaucht. Im Westen, insbesondere bei den Franken ist der Heilige Geist als „Band der Liebe“ zwischen Vater und Sohn verstanden. Die Kontroverse der unterschiedlichen Vorstellungen endete schließlich in einer gegenseitigen Verdammung und endgültigen Kirchenspaltung von 1054, dem sogenannten Schisma. Die Zerstörung Konstantinopels durch die westlichen Kreuzfahrer war der Tiefpunkt der auseinandergebrochenen Christenkirche. Den ersten Schritt zu einer Annäherungen taten die beiden Kirchenführer aus Konstantinopel und Rom, Patriarch Athenagoras und Papst Paul VI. bei ihrer Begegnung 1965 in Jerusalem.

In der Streitfrage des „filioque“ haben theologische Dialoge zu gegenseitigem Verstehen geführt. Wenn an ökumenischen Gottesdiensten Orthodoxe beteiligt sind, soll der lateinische Zusatz entfallen. Er wurde von folgenden Kirchen und Denominationen zurückgenommen: Altkatholiken, Waldenser, Vereinigte Evangelisch-Lutherische Kirchen in Deutschland (VELKD) und von den Anglikanern.

Christus Pantokrator

Die Ikone aus dem St. Katharinenkloster im Sinai. Man hat den Eindruck, dass er durch einen hindurchschaut. Oder durchschaut er uns, dieser Allherrscher? Sein Blick ist nach innen gerichtet, was der Maler bzw. Schreiber der Ikone bewusst durch die Stellung der Augen zum Ausdruck bringt. Die Sehachsen gehen leicht auseinander. Sie schneiden sich gewissermaßen im Innern des Kopfes. Er sieht nur bedingt, was vor Augen ist, er nimmt mit dem inneren Auge wahr. „Ein Mensch siehet, was vor Augen ist, der Herr aber siehet das Herz an." (1.Samuel 16,78). Ein absolut unbestechlicher und unendlich barmherziger Herrscher ist unser Richter. Kein arroganter Diktator, kein Tribunal, kein Standgericht, kein Scherbengericht von Rechthabern.

Im 6. Jahrhundert, der Glanzzeit der Ikonenmalerei, hat Kaiser Justinian diese Pantokrator-Ikone dem St. Katharinenkloster auf dem Sinai geschenkt. Dort ist sie noch heute zu bewundern. Sie ist der frühen Zeit entsprechend in der Technik der Enkaustik mit Wachsfarben gemalt. Die große Gestalt strahlt hieratische Würde aus, betont noch durch die schmale Nase. Die großen Augen zeigen Hoheit, hellenistische Tradition nach ägyptischem Vorbild der Totenmaske. Der Mund ist klein; auf sinnliche Darstellung wird verzichtet. Die rechte Hand ist zum Segensgruß erhoben. Die zwei leicht nach oben gerichteten Finger weisen aus die zwei Naturen in Christus, die göttliche und die menschliche. Die drei Finger symbolisieren die Trinität. Die linke Hand hält ein reich geschmücktes Evangeliar: Christi Präsenz im Wort.

Am wichtigsten aber ist das Gesicht. Es sind zwei sehr unterschiedliche Gesichtshälften. Am deutlichsten zeigt es sich, wenn man je eine Seite entlang des Nasenrückens abdeckt. Die linke, vom Betrachter aus rechts, ist die menschliche. Sie ist stärker hell-dunkel schattiert, dadurch plastischer. Die Augenbraue ist realistisch geformt. Das Auge scheint lebendiger. Der Mund zeigt ansatzweise ein freundliches Lächeln, im Gegensatz zum heruntergezogenen anderen Mundwinkel, der dadurch einen strengen Gesichtsausdruck bewirkt.

Die Mönchsrepublik Athos

Nur zehn Ausländer pro Tag dürfen die heilige Halbinsel betreten. Das ist auch für mein Empfinden die oberste vertretbare Grenze. Ordinierte Geistliche aller Konfessionen brauchen eine Genehmigung des Ökumenischen Patriarchats in Konstantinopel. Warum? Nun, vielleicht soll damit die geistliche Oberhoheit des Patriarchats über die Mönchsrepublik hervorgehoben werden. Mir scheint es aber eher einem Radikalen-Erlass vergleichbar zu sein. Denn die akademisch ausgebildeten Geistlichen, vornehmlich der westlichen Konfessionen, mit ihren aufgeklärten Argumenten sind doch wohl eine Zumutung für die rechtgläubigen Mönche. Soll ich das Risiko einer Ablehnung auf mich nehmen? Zudem dauert es von der Antragstellung bis zur schriftlichen Patriarchatsgenehmigung beim „Ministerium für Nordgriechenland“ nach Erfahrungswerten in der Regel sieben Wochen. Die Zeit hatte ich nicht. Bei der Frage nach meinem Beruf war ich plötzlich Religionslehrer, was ja durchaus partieller Wahrheit entspricht. Was mir schon manches Mal im pastoralen Alltag zu einer Belastung wurde, ward hier zur Rettung. Mein Freund und Weggenosse war Lehrer der deutschen Schule in Thessaloniki. Er konnte natürlich erst in den Ferien auf Athos-Tour gehen. So wurde es Mitte Juni, und das Lachen der Sonne zu unserem alpinen Vorhaben im mediterranen Klima wurde immer lauter.

Das kleine Schiff mit den griechischen und ausländischen Besuchern legte im Hafen Daphni an. Für die sechs Kilometer lange Straße hinauf zur Hauptstadt Karyes stand der einzige Bus der Halbinsel zur Verfügung. Das heißt, alle Begriffe bedürfen ab jetzt einer Interpretation. Der Hafen ist höchstens eine Anlegestelle, die Straße ist bestenfalls ein Weg. Die Hauptstadt ist ein Dörflein, und der Bus verdient seinen Namen nicht. Aber gerade das ist die richtige Einstimmung. Die Proportionen und Dimensionen der Welt stimmen hier einfach nicht mehr. Wer sie als Maß beiseite legt, kann durchaus den Segen einer geschenkten Maßlosigkeit erfahren. Ob ich es auch umgekehrt schaffe, mit neuen Maßstäben in die Welt zurückzukehren?

Durch ein Versehen der Einreisebehörde gibt es gleich in Karyes eine lange Wartezeit. Das Diamonitirion, die Aufenthaltsgenehmigung für den Athos mit dem viergeteilten Stempel der vier leitenden Aufsehern, den Epistaten, kann erst nach der Mittagspause ausgestellt werden. Die ist leider nicht durch die Besichtigung der Hauptkirche zu überbrücken: Sie ist geschlossen! Wenn ich nur nicht im Reiseführer gelesen hätte, dass sie die bedeutendsten Fresken des Athos aufzuweisen hat. Mittagsruhe! In Griechenland heilig. Wohltat. Zentrum und Zenit des Tages. Unantastbar. Wer wollte sich auch ihrem ergötzlichen Segen verschließen? Höchstens wir mitteleuropäischen Diplomhektiker. Wo wir doch so viel von den alten Mittelmeerkulturen übernommen haben, welcher Idiot hat uns da um die Siesta gebracht? Mit solchen Gedanken tröstete ich mich gegen meinen Ärger über die verschlossene Kirchentür, der einzigen übrigens in ganz Griechenland. Bei kargem Mahl in einer Kneipe, deren Inneres der Gemütlichkeit eines Dorfbahnhofwartesaals in nichts nachstand, vertrieben wir uns die Zeit. Aber daraus wurde eine segensreiche Einübung in die Hesychia, die klösterliche Ruhe, die uns fortan gut anstehen sollte. Bald fanden wir Freunde: Zwei Franzosen, die auch wie wir mit dem Rucksack von Kloster zu Kloster wandern wollten.

Die meisten Athos-Besucher, vor allem die Griechen, fahren mit dem Schiff von einem Küstenkloster zum andern. Maurice, schätzungsweise Mitte sechzig, ist klein und dick, nicht gerade sportlich. Er wird die steilen Pfade schon nicht in jugendlichem Schwung bezwingen. Ein idealer Wandergefährte, denke ich. Jo, sein Begleiter, ist Weinhändler und wie Maurice sehr zuvorkommend und charmant. Maurice ist Lehrer an einem katholischen Lyzeum. Beide aus Nizza. Schon nach den ersten beschwerlichen Anstiegen entpuppt sich Maurice als der mit Abstand gewandteste Kletterer, und er weist uns Jüngere alle mit seiner Kondition klar auf die Plätze. Immer fünfzig bis hundert Meter voraus, singt er aus vollem Hals französische Marschlieder. Niemand kam aber deshalb in Versuchung, zu denken, der Krieg habe doch auch sein Gutes.

Der Stand der Sonne signalisierte uns, so langsam an eine klösterliche Unterkunft zu denken. Kurz vor Betreten des Klosters Filotheou sagt mir Maurice hinter vorgehaltener Hand: „Isch bin katholischer Geistlischer, mais silence!" Dies Bekenntnis, das meinem entgegenkam, begründete eine tiefe Freundschaft und verursachte solch eine Heiterkeit, die uns alle klösterliche Fremdheit, der wir uns nun ausgeliefert sahen, vergessen ließ.

Kontraste auf dem Heiligen Berg

Schnell waren die Bilder, die ich aus den Reisebeschreibungen und Athos-Schilderungen im Gedächtnis hatte, angesichts der starken Wirklichkeit gelöscht. Jede Erzählung, jeder Bericht über den Athos wird weit hinter der überwältigend andersartigen Klosterwelt zurückbleiben. Auch die Schilderung der eigenwilligen Natur ist auf neue Stifte und Farben angewiesen. Sie ist wild und steht in Kontrast zur asketischen Verschwiegenheit. Der sommerliche Hochglanz des Meeres spiegelt nichts vom nächtlichen Kampf der Mönche gegen sich und die finsteren Dämonen wieder. Die Kargheit der Mönchszellen und Einsiedlerhöhlen widersprechen vernehmbar dem Prunk mancher Schatzkammern und Kirchen.

Der Einsiedler Achilaos ruft uns schon von weitem zu. Er gönnt uns wohl seinen weiter unten am Berg hausenden Mönchskollegen nicht als Gäste. Austausch von Geschenken zur Begrüßung. Bewirtung mit Selbstgemachtem – ja, was war das eigentlich? Auch Schnaps und Wein. Eigenes Gewächs – versteht sich. Er ist so freundlich und herzlich, als habe er in Monaten all seine unverbrauchte Güte gesammelt, um sie über uns auszuschütten. Es scheint doch nicht so leicht zu sein, ein Einsiedlerleben zu führen. Wir werden ihn unser ganzes Leben nicht vergessen.

Zum Abschied bekommen wir noch eine Shampoo-Flasche aus Plastik voll Wein als Schlaftrunk für die Nacht im nächsten Kloster, in dem es nach seiner Kenntnis keinen Alkohol gibt: Agiou Pavlou. Dort aber werden uns aber schöne Legenden aufgetischt.

Legenden

Die Legenden des Athos sind mit Worten gemalte Ikonen. Sie wollen den Blick freihalten für eine vermeintlich vom Verstand bedrohte Dimension des Lebens. Diese mehrdimensionalen Geschichten des Glaubens sind grenzüberschreitend. Sie leben davon, dass sie sich nicht an die Dimensionen von Zeit und Raum, Himmel und Erde, Traum und Wirklichkeit, Glauben und Verstehen halten. Wie der Maler auf zweidimensionaler Fläche dreidimensional, plastisch zu malen vermag, so gelingt es der Legende, Wahrheiten, die über die Dimensionen von Raum und Zeit hinausgehen, darzustellen. Im Gegensatz zu einem weitverbreiteten Missverständnis sind Legenden historische Zeugnisse ersten Ranges. Nicht, weil sie meist Rudimente historischen Urgesteins peinlichst genau konservieren, sondern weil sie auch über den Glauben ihrer Entstehungszeit Auskunft geben. Legenden waren und sind zu allen Zeiten der Fehldeutung ausgeliefert. Wer ihren Zauber nicht erkennt, verweist sie folglich in den Bereich der Zauberei und begibt sich damit selbst des Rechts, ihrem Wahrheitsgehalt nachzuforschen. Die Vielzahl der Athos-Legenden ist schwerlich nur einer literarischen Gattung zuzuordnen. Sie weisen neben vielen Parallelen und Wandermotiven unterschiedlichste Entstehungsgründe und Ziele auf. Sie wollen bewahren, oder verändern, bleiben oder verlassen, verbieten und erlauben, verehren und Ehrfurcht erwecken, jubeln und in die Besinnung führen.

Kloster Vatopedi

Das jüngste Wunder ereignete sich während des großen Freiheitskampfes der Griechen gegen das jahrhundertelange Joch der Türken. Um seine Tradition zu retten, erklärte sich der Athos in dieser Auseinandersetzung 1821 für neutral. Der Sultan aber traute dieser Neutralität nicht. Um sicherzugehen, dass sich nicht auch in der Mönchsrepublik der griechische Aufstand organisierte, schickte er seine Truppen zur Besatzung. Dreitausend Mann wurden zur Bewachung in den Klöstern verteilt. Dieser ungewohnte und entwürdigende Zustand dauerte neun Jahre. Aber die Soldaten waren angehalten, den Glauben und das klösterliche Leben der Athos-Bewohner zu respektieren. Nur Hussein, ein Neffe des verantwortlichen Offiziers, hielt sich nicht daran. Er verhöhnte das Klosterleben und die heiligen Bilder, lästerte den Christengott und schoss schließlich aus Übermut einem Bild der Gottesmutter in die Hand. Das Entsetzen unter den Mönchen war groß. Aber es wuchs noch, als kein Blut aus der Wunde floss. Sie erwarteten ein solches Wunder zur bestrafenden Abschreckung des Frevlers. Aber dieser wurde über seiner schändlichen Tat immer schwermütiger. Seine Sinne und Gedanken verfinsterten sich. Er zog sich von seinen Freunden zurück. Eines Tages erhängte er sich an einem Olivenbaum vor dem Kloster.

Kloster Dionysiou

Der Stolz des Klosters ist die Ikone der Panagia. Sie sei von Lukas selbst gemalt. Jedenfalls lassen sich ihre Spuren bis in die Zeit des Kaisers Theodosius zurückverfolgen. Damals kam sie nach Konstantinopel in den Besitz des Patriarchen. Als 626 die Kaiserstadt von feindlichen Truppen belagert wurde und die Kraft der Verteidiger nachließ, entschloss sich der Patriarch, das heilige Bild den Feinden entgegenzutragen. In feierlicher Prozession wurde es auf die Stadtmauer gebracht. Plötzlich brachen Blitze aus dem kleinen Bild hervor, und die Feinde flohen vor Entsetzen. Dieser Wundertat zu Ehren wurde die Ikone in der Hauptkirche, der Hagia Sophia aufgestellt. Tag und Nacht brannten zwanzig Lampen vor ihr. Ins Kloster Dionysiou kam sie als Geschenk von Kaiser Alexios III. Ihren Namen Myrovlitissa erhielt sie wegen ihres Myrrhenduftes.

Kloster Chelandar

Kandelaptis heißt der für die Lichter zuständige Diakon eines Klosters. Ein solcher, Namens Neilos hatte an einem großen Festtag wieder alle Lichter angezündet, nur eines vor einem kleineren Panagiabildchen hatte er vergessen. Als er wieder die Runde nach der Liturgie machte, um die Lichter zu löschen, langte die Gottesmutter höchstpersönlich aus ihrem ikonischen Konterfei heraus und gab Neilos eine schallende Ohrfeige. Sogar das Jahr dieses Geschehens wird überliefert: 1664. Um das Versehen wieder gutzumachen, brennt die Ampel vor diesem Panagiabildchen Tag und Nacht bis auf den heutigen Tag.

Der geklonte Heilige

Der Klangteppich der zirpenden Zikaden wehte wie ein vom Wind geblähter Vorhang zum Fenster herein. Fast hätte er meinen feingewobenen Traum weggewischt. Ein Mönch war da noch schemenhaft in der Erinnerung geblieben. Aber da war doch noch etwas aufregend Komisches. Die heilige Mittagsruhe musste diesmal stärker gewesen sein als mein ungehaltenes Forschen nach den verbliebenen Traumfetzen. Plötzlich war ich wieder in meiner Traumwelt. Und die Traumgeister ließen sich ausnahmsweise dazu herab, den Faden ihrer verschlafenen Aufführung noch einmal aufzunehmen. Da saß der Mönch wieder am Computer und suchte sich alles über die Technik des Klonens aus dem

Internet zusammen. Neben dem Monitor lag die einbalsamierte Hand des unbekannten Heiligen aus dem Silberschrein im Büro des Abtes. Der Mönch war gerade dem eigentlichen Geheimnis auf der Spur. Er erweckte den einstigen Inhaber dieser Reliquienhand zu neuem Leben. Und als der Geklonte sich zu seiner vollen Gänze entfaltet hatte, musste der Mönch erkennen, dass es kein Christenmensch, sondern ein Aga, ein leibhaftiger Muselmann war. Ich erwachte durch die enorme Turbulenz in meinem verträumten Hirn. Wurde etwa diese Reliquie ...? Aber nein! Sofort ging ich zum Kloster hinauf, um dem mir im Traum erschienenen Mönch seine geheimen Forschungsergebnisse zu verkünden. Dort dauerte die paradiesische Mittagsruhe noch an. Ich setzte mich in den Hof und wartete. Die von der Pergola hängenden Weintrauben summten ihr Lied vom großzügigen Gott. Die frisch gewaschenen Klostersocken tanzten an der Leine, und die jungen Katzen waren rettungslos in ihr Spiel verliebt. Und wieder wehte der Klangteppich der Zikadenserenade über alles hin und verwischte die Grenze zwischen Traum und Wirklichkeit.

Askese

Die Glücksmomente häufen sich hier auf der Halbinsel der Mönche. So jedenfalls empfinde ich es fast jeden Tag. Häufiger als sonst sind aber auch meine Verunsicherungen über den richtigen Weg des Menschen. Umgeben von langatmiger Ruhe der Natur und von großem Ernst der Gottsucher erschrickt das Herz über sein Unvermögen, über die eigene Schwäche, die eigene Inkonsequenz. Die bleichen Gesichter der Mönche in den Stundengebeten der Nacht, ihre müden Glieder und Augen, alles verrät den ständigen Kampf gegen die eigene Natur: Fasten, Schlafentzug, Kasteiung. Freiwillige Folter? In der orthodoxen Theologie ist der Leib nicht von Natur aus schlecht, wie im Neuplatonismus. Der Kampf gegen die Leidenschaften meint nicht nur die geschlechtliche Lust, sondern alles ungezügelte Wesen und Handeln des Menschen, alles Verlangen, das die Seele ganz erfasst: Wut, Eifersucht, Habsucht, Völlerei, Macht, Stolz. Die Leidenschaften müssen nicht abgetötet werden, sondern eine neue Aufgabe bekommen. Vielleicht mühen sich manche nur darum so ab, um Gott damit zu gefallen. Opfergaben, Unterwürfigkeit, Bestechungsangebote; sicher ist alles mit dabei. Die große Mehrheit aber kämpft einen ehrlichen und mutigen Kampf gegen sich selbst, gegen den Egoismus, gegen die Trägheit, gegen die Zügellosigkeit von Leib und Seele. „*Solange die Asketen ihre Hände erhoben halten*“, sagte der junge Asket, „*braucht ihr keine Angst zu haben, solange stürzt die Welt nicht ein; sie sind es, die die Welt vor dem Einsturz bewahren.*“ Obwohl Kazantzakis den Asketen hohen Respekt zollte, bemerkte er in den Aufzeichnungen von seiner ersten Athos-Reise: „*Wir müssen*“, *sagten wir uns und schwuren dabei, „wir müssen die christliche Askese reformieren, ihr neuen schöpferischen Atem einhauchen. Es ist unsere Pflicht, deswegen sind wir zum Heiligen Berg gekommen.“*

Askese ist in nahezu allen mystischen Glaubenstraditionen zu finden. Je mehr man sich damit beschäftigt, desto größer wird der Respekt vor den Athos-Mönchen. Es ist ein unendlich langer, mühsamer und keineswegs immer von Erfolg gekrönter Weg. Ausdauer, Leidensbereitschaft und größte Selbstdisziplin gehören dazu. Aber ohne den festen Glauben, damit Gott entgegen zu gehen, wären das nur Fitness-Übungen. Der Asket kämpft aber nicht für sich, sondern für Gott. Dazu aber muss er gegen sich selbst und gegen Gott antreten. Immer wird die körperliche und geistige Übung sich mit sittlichem Mühen vereinen müssen auf dem Weg zu Gott. Anstrengung, Kampf und Entsagung machen nur Sinn unter dem Glaubensgehorsam. Wer die asketischen Praktiken vollkommen beherrscht, ist nicht besser als andere. Und er hat vor allem keine Garantie eines ekstatischen Gotteserlebnisses. Dieses gilt als Höhepunkt und Ziel aller religiösen Erfahrung. Das ist von Meditierenden fast aller Religionen zu hören. Dass es hier auf dem Athos eine Konzentrierung von Menschen mit solchen außerordentlichen Fähigkeiten und Erfahrungen gibt, steht außer Zweifel und ist sicher auch das wesentliche Merkmal dieses besonderen Ortes. Sicher ist es nicht der einzige Weg in der Nachfolge Christi. Und er wirft auch immer wieder Fragen auf, denen sich wohl jeder gläubige Mensch im Lauf seines Lebens stellt.

Nikos Kazantzakis hat sich mit der Askese und dem mönchischen Leben sehr intensiv in seinem Leben und in seinem Werk auseinandergesetzt. Zweifellos ist eines seiner tiefsten und existenziellsten Bücher die *Askese*. Es ist ein Ausdruck seines inneren Kampfes, vom Besuch des Heiligen Berges in seiner Jugend nachhaltig geprägt Hier soll der Poet ausführlich zu Wort kommen: „*Ich bin nicht gut, ich bin nicht rein, ich bin nicht sanft. Ich übe meinen Leib wie ein Kriegsroß, halte ihn anspruchslos, stark, bereit. Ich härte ihn ab und erbarme mich seiner. Ich habe kein anderes Roß. Ich übe meinen Geist, halte ihn wach, rein, schonungslos. Ich sporne ihn an zum unaufhörlichen Kampf, damit er, Licht, die Finsternis des Fleisches zerfresse. Ich habe sonst keine Werkstatt, um die Finsternis in Licht zu verwandeln. Lerne gehorchen! Nur wer einem höheren Rhythmus gehorcht, ist frei. Liebe die Verantwortung! Sage: Ich, ich allein habe die Pflicht, die Erde zu retten. Und wird sie nicht gerettet, so ist's meine Schuld. Wird eine Gewohnheit zur Bequemlichkeit, so gib sie auf! Die größte Sünde ist das Zufriedensein. Ich beginne das Gesicht des Herrn zu erahnen, ich erkenne seine Stimme, nehme von Furcht und Freude erfüllt, seine harten Gebote an. Ich bin ein elender Wurm, der kriecht und liebt und nach Flügeln wimmert. Das Wesen unseres Gottes ist nicht nur der Schmerz; auch nicht die Hoffnung auf ein jenseitiges Leben oder ein hiesiges, irdisches; auch nicht die Freude und der Sieg. Jede Religion, die nur eines dieser urtümlichen Gottesantlitze zur Anbetung auswählt, engt unser Herz und unseren Geist ein. Das Wesen unseres Gottes ist der Kampf. In diesem Kampf entfalten sich und sind ewig tätig der Schmerz, die Freude und die Hoffnung. Wir haben den höchsten Kreis der wirbelnden Kräfte erschaut. Diesen Kreis nannten wir Gott. Wir hätten ihm irgendeinen anderen Namen geben können: Abgrund, Geheimnis, unendliches Dunkel, unendliches Licht, Materie, Geist, letzte Hoffnung, letzte Verzweiflung, Schweigen. Aber wir nannten ihn Gott, weil nur dieser Name aus uralter Erfahrung unser Inneres in Erregung versetzt. Wir müssen soviel Finsternis wie möglich in Licht verwandeln ... zu jeder Stunde bereit sein, unser Leben für ihn zu opfern. Denn das Leben ist nicht Ziel, es ist auch nicht Mittel, wie der Tod, die Schönheit, die Tugend, das Wissen. Mittel wozu? – Zum Kampf Gottes um Freiheit. Jeden Tag sollst du sterben. Jeden Tag sollst du geboren werden. Jeden Tag sollst du deinen Besitz verleugnen. Die höchste der Tugenden ist nicht die Freiheit, sondern der Kampf um die Freiheit. Frage niemals: „Werden wir siegen oder besiegt werden?" – Kämpfe!"*

Märtyrer

Unter dem Titel „Märtyrer" wurden 2020 die vom griechischen orthodoxen Priestermönch Dionysios Charalampous in deutschen Gestapogefängnissen und Konzentrationslagern 1942-1945 heimlich aufgeschriebenen Tagebuchskizzen auf Deutsch veröffentlicht:

„25. August: „Das Drama nimmt die Form einer Tragödie an, weil wir heute neben den Schlägen auch die Erniedrigung spüren, ein psychisches Martyrium ... Sie ziehen mir das Mönchsgewand aus. Dann auch das Untergewand. Sie lassen mich in der blutigen Unterwäsche. Sie prügeln mich, sie machen sich über mich lustig, sie beschimpfen mich. Alles Schlechte, das sie je über ... einen Kleriker gehört haben, laden sie auf mir ab ... Einem Sturzbach gleich die Obszönitäten, die mich überschwemmen ... Einmal nehmen sie etwas, mit dem man die Läufe der Gewehre reinigt, sie tränken es in einer schwarzen Flüssigkeit und damit beschmieren sie mein Gesicht. Und brechen in herzhaftes Gelächter aus.

27. August: Ein neues Gesicht auf der Bühne des Dramas: der Leiter der Gestapo. Ein richtig dicker Wolf. Sie haben ihm gesagt, so scheint es, dass ich, während sie mich schlugen, um Gottes Hilfe gebeten habe. Er schüchtert mich ein, in dem er seinen Stock bewegt: „Gott, eh? Hier ist Gott!" Und er zeigt mir den Stock. Er überrascht mich nicht. Vorgestern hat der Chalko mir das Gleiche und Schlimmeres gesagt, als er auf dem Höhepunkt seines Wahnsinns angekommen war und seine Peitschenhiebe verteilte, wo immer er hinkam. Von dem unbeschreiblichen

Schmerz waren meine Lippen zusammengeklebt. Sie konnten sich nur wenig öffnen, dass sie: „Mein Gott ... mein Gott ..." wisperten. Dann voller Wut sagt er zu mir: „Gott, nicht da! Gott! Hier ist Gott!", und er zeigt mir ein Bild Hitlers ... Der Leiter ist ... ein äußerst höflicher Herr, „wo möchtest du" fragt er über den Dolmetscher, „soll ich dich hinschlagen?" Als ob sie irgendeinen Fleck bisher nicht blutig geschlagen hätten! Wo ich mich doch weder hinlegen, noch auf den Beinen halten kann ... Und nun beginnt der Leiter selbst mich hart zu schlagen, unbarmherzig.

28. August: Der erste Abend, an dem ich etwas meine Augen schloss. Mein blutiges Mönchsgewand ist gleichzeitig Matratze, Zudecke und Kopfkissen. Der Tod ist nicht weit entfernt. Sie werden mich töten. Ich werde in den Himmel aufsteigen ... Dort ist der Herr bei den Märtyrern des Glaubens."

Wurzel Jesse

Nach der großen Göttlichen Liturgie in der Klosterkirche ging es unmittelbar zum Essen in die gegenüberliegende Trapeza, das Refektorium orthodoxer Klöster. Beim Eintritt in diesen besonders schönen Speisesaal sagte ich zu einem der Wandergefährten: „Es geht gerade so weiter." „So soll es auch sein", meinte der. Das Abendmahl in der Kirche und das irdische Mahl der Menschen entsprechen einander. Deshalb sind Kirche und Trapeza im Kloster immer einander architektonisch zugeordnet, das heißt, sie liegen sich gegenüber. Das irdische Mahl ist ein Spiegelbild des himmlischen Mahls. Die Wandmalerei im Speisesaal steht der in der Kirche nicht nach. Die Speisetische sind wie der Altar aus Stein. Die Tischplatten gleichen Altarplatten alter Kirchen. Bei Tisch wird nicht gesprochen. Ein Mönch liest während der Mahlzeit Texte der Kirchenväter. Das Essen soll ebenso als eine geheiligte Handlung erlebt werden. Die Tische sind reichlich und mit liebevoller Sorgfalt gedeckt. Das Auge darf mitessen. Alle bekreuzigen sich nach dem Tischgebet. Während des Essens gehen meine Augen die bemalten Wände entlang. Da sind die traurigen Gestalten in der Hölle. Die Verdurstenden und Verhungernden müssen uns beim Essen und Trinken zuschauen. Umgekehrt aber können uns die sie plagenden Höllengeister den Appetit verderben. Dann aber vergesse ich vollends, dem Vorleser zuzuhören. Mein Blick bleibt an dem riesigen, eine ganze Wand ausfüllenden Stammbaum hängen. Es ist die Wurzel Jesse, der Stammbaum Jesu, das Geschlecht Davids mit seinem Stammvater Jesse, oder Isai. Da sind sie, alle Abkömmlinge, versammelt. Aber neben David und Salomo finden sich auch Namen und

Bilder von Gestalten, die ich hier nicht vermutet hätte: Homer, Sokrates, Platon, Aristoteles, Pythagoras. Kein Geringerer als der große Maler Theophanes der Kreter hat sie hier eingefügt. Sie gehören für ihn in die Ahnenreihe der Griechen wie der Christen. Ich vergesse das Essen über dieser verwegenen Vorstellung. Mein Theologenhirn macht Häresien, Irrlehren aus. Je länger ich darüber staune, desto mehr beginne ich, dieser Aussage des Malers etwas abzugewinnen. Warum sollten nicht auch Weisheiten dieser großen Gelehrten göttlichem Geist entsprungen sein? Der Abt legt seine Serviette beiseite und erhebt sich zum Dankgebet. Das Essen ist sofort für alle beendet. Mein Teller ist noch nahezu voll. Beim Hinausgehen nehme ich mir schnell noch eine Orange mit. Ich gehe gleich hinüber in den Gästetrakt und finde auch bald in meinen mitgeschleppten Kazantzakis-Aufschrieben einige Stellen, die mir helfen, christliches und griechisches Gedankengut nicht nur als unversöhnlich zu verstehen: *„Ich saß am Feuer und hatte nur das Evangelium und Homer bei mir, las abwechselnd die Worte der Liebe und der Demütigung Christi, und die unsterblichen Verse des Patriarchen der Griechen. Dass man gut, friedfertig, ohne Argwohn sein solle: Wer dich schlägt auf deinen Backen, dem biete auch den anderen; dieses irdische Leben sei nichts wert, das wahre Leben sei im Himmel. Ein anderer aber erhob seine Stimme: Sei stark, liebe den Wein, die Frau, den Krieg; töte und lass dich töten, um die Würde und den Stolz des Menschen hochzuhalten; liebe das Leben auf der Erde; besser Sklave und lebendig, als König im Hades – es war der Urahne Griechenlands.“*

Aber auch hier hätte ich mir fast von meinem Theologenhirn verbieten lassen, zuzuhören. Dabei sind es eben die beiden Seelen, die in unserer Brust wohnen und die auch in Kazantzakis kämpfen. Der Anspruch des Evangeliums einerseits und der Ruf der homerischen Helden andererseits. Es ist der Kampf zwischen Heiligen und Helden um die Vorherrschaft in seiner Seele. In *Rechenschaft vor El Greco* schreibt er:

„Mein ganzes Leben lang beherrschten mich die großen heldischen Seelen. Vielleicht weil ich als Kind mit so großer Leidenschaft die Heiligenlegenden gelesen und mich betend nach Heiligkeit gesehnt hatte. Und mit welcher Leidenschaft stürzte ich mich später auf die Bücher über Helden – Eroberer, Entdecker, Don Quijoten! Und wenn sich in einer Gestalt zufällig Heldentum und Heiligkeit vereinten, dann wurde sie für mich zum Vorbild des Menschen."

In *Brudermörder* nennt er sogar die *Dichtung Homers das Alte Testament unserer Rasse.*

Eine vorbeifliegende Schwalbe vertreibt mir meine theologischen Bedenken und Flausen im Kopf und bringt mir noch eine heitere Szene aus *Brudermörder* in Erinnerung: *„Eine Schwalbe kam durch das offene Fenster hereingeflogen, huschte über die tiefgebeugten Köpfe der Mönche dahin; sie kannte jeden einzelnen, es waren dieselben wie im Vorjahr, nur ein bisschen gealtert, ein bisschen blasser geworden: Manasse, Joachim, Gabriel, Melchisedek, Benedikt ... alle waren zur Stelle, keiner fehlte; das Schwälbchen freute sich, glitt zwitschernd über das Haupt des Abtes hinweg und hätte gar zu gern ein Haar aus seinem weißen Bart gezupft, als weiches Polster für ihr Nest; aber als sie ihren Schnabel aufsperrte, um es auszureißen, bekam sie doch Angst, flog schnell zu dem offenen Fenster, dem Tageslicht entgegen, und verschwand."*

Am Brunnen

Wir saßen am Brunnen vor dem Kloster. Alle hatten wir daraus getrunken. Maurice hatte sich Gesicht und Nacken gekühlt und mit einem tiefen Seufzer seine ewig lustvolle Sehnsucht nach solchem Wasser bekundet. Wir waren uns einig, dass es sich hier um das beste Wasser der Welt handelt. Die Frage stand in der Luft, woran das liege. Eine Antwort brauchte es nicht. Die Sonne zog sich langsam zurück. Die goldenen Fäden ihrer Schleppe streichelten das abendliche Land. Längst war der Tanz der Schwalben von der rastlosen Flatterhaftigkeit der Fledermäuse abgelöst. Von der Klosterküche klirrte fröhlich das Geschirr herüber. Ein Esel hatte seinem Weltschmerz freien Lauf gelassen und sich am Abend dieses arbeitsreichen Tages zu einem schicksalbejahenden Bekenntnisruf durchgerungen. Ein Mönch stand im Torbogen und schaute zu uns herüber. „Ich höre, Sie sprechen Deutsch, darf ich mich zu Ihnen setzen?" Er nahm eine Handvoll Wasser vom Brunnen und meinte, das sei noch besser als Dortmunder Bier. Dort sei er viele Jahre gewesen. Er erzählte, wie beeindruckt er von der Sozialarbeit der westlichen Kirchen sei. Sie hätten sich sehr um die Ausländer, insbesondere um die Gastarbeiter gekümmert. Ja, das soziale Netz sei im Westen viel engmaschiger als bei ihnen. Da müsse seine Kirche noch einiges lernen. Caritas und Diakonie hätten ein überall hinreichendes Verteilungssystem aufgebaut. Jeder bekomme das Lebensnotwendige. Er stand auf, ging zum Brunnen, hielt seine Hand in den Wasserstrahl und sagte: „Ja es ist wichtig, dass alle Wasser haben, aber genauso wichtig ist es, dass das Wasser sauber und trinkbar ist. Dafür zu sorgen, das halte ich für unsere Aufgabe hier auf dem Athos".

Nach einer kleinen Pause fügte er hinzu, dass das nicht nur für das Wasser gelte. Viele Legenden des Athos erzählten davon. Im Kloster Dochiariou.

Die wundersame Jaspisschale

Von ihr erzählt man im Kloster Vatopedi, sie sei ein Geschenk des Kaisers Manuil II. Sie ist oval und aus sehr dünnem, gelb-grün gemasertem Jaspis. Der Sockel ist ein reich verziertes Achteck. Vergoldete Köpfe von Greifvögeln bilden die Henkel. Ein schillerndes Lichtspiel und eine wundersame Kraft gehen von dieser Schale, die auch Athos-Gral genannt wird, aus. Wer aus der Schale Wasser trinken darf, wird geheilt. Sie soll vor allem gegen das Gift der Schlangen wirksam sein. Philologen vermuten einen Zusammenhang der Worte Jaspis und Aspis (Schlange). Am Abend in die Schale gefülltes Wasser ist am folgenden Morgen eiskalt.

Recht und schön, meinte Maurice, deine Legenden gefallen uns und sie können uns immer wieder zeigen, dass inmitten unseres Lebens Schätze vergraben sind, die der Verstand nicht findet. Aber, wie sollen wir das Wasser rein halten? „Dazu können wir beitragen", antwortete der Mönch. „Wasser, Geist und Seele müssen in Bewegung bleiben." Dann verblüffte er uns mit einem Zitat von Kazantzakis aus der „Griechischen Passion": „*Wenn das Wasser stille steht, wird es trübe, und wenn die Seele stille steht, wird sie dunkel und trüb. Gott gebe, dass wir der Wind wären, der die Wellen aufwühlt und das Wasser wieder frisch und lebendig macht.*" Und er fügte hinzu: „Ja, den Kazantzakis habe ich erst in Deutschland entdeckt."

Eine Eule flog geräuschlos und majestätisch über uns hinweg. „Das ist für die Fledermäuse das ultimative Zeichen, sich zurückzuziehen", meinte unser freundlicher Klosterbruder, „auch wir müssen jetzt zur Nacht ins Kloster zurück."

Das Herzensgebet

„Das Herzensgebet erfüllte mich mit solcher Wonne, dass ich nicht glaubte, es könne jemand auf der Welt geben, der glücklicher wäre als ich, und ich konnte es nicht verstehen, dass es noch größere und herrlichere Wonnen im Himmelreich geben würde. Diese fühlte ich aber nicht nur im Innern meiner Seele, sondern auch die ganze Außenwelt schien mir wunderbar schön, und alles verlockte mich zur Liebe und zum Dank gegen Gott; Menschen, Bäume, Pflanzen, Tiere, alles war mir unsäglich vertraut, und an allem sah ich das Abbild des Namens Jesu Christi. Mitunter fühlte ich eine solche Leichtigkeit, als hätte ich überhaupt keinen Körper, und es war mir, als ginge ich nicht, sondern als fliege ich selig durch die Luft; mitunter ging ich tief in mich selber hinein und sah mein Inneres klar vor mir und staunte über die weise Anordnung des menschlichen Leibes; mitunter empfand ich eine so hohe Freude, als wäre ich König geworden, und bei all diesen Tröstungen wünschte ich, Gott möge mich möglichst bald sterben lassen, um in Dankbarkeit am Schemel seiner Füße in die Geisterwelt mich zu ergießen."

Nicht sehr häufig sind solche persönlichen Zeugnisse von Meditations- und Gebetserfahrungen. Die meisten, die solche Erfahrungen machen, hüten sie wie ein kostbares Geheimnis, das nicht verraten werden darf. Dieses Zeugnis eines russischen Pilgers beschreibt die Erfahrung, die er mit dem sogenannten „Jesusgebet" oder „Herzensgebet" gemacht hat. Schon seit vielen Jahrhunderten wird diese Meditationspraxis auf dem Athos geübt, von wo sie auch nach Russland gelangte. Es scheint, dass diese Art des meditativen Betens, das den Beter weit von sich selbst hinweg und nahe zu Gott hinbringt, das Herzstück der Frömmigkeit des

Athos ist. Diesen Schatz kann niemand rauben, im Gegensatz zu den unermesslichen Reichtümern der Magazine mit ihren Kultgegenständen, Reliquien, Ikonen und historischen Urkunden. In die Schatzkammer der religiösen Vertiefung kann niemand gelangen, der nicht einen ganz langen Atem hat und nur redliche Absichten. Und wer es vorgehabt hätte, diese besondere Technik des Meditierens zu erlernen, um sie nachher draußen in einer Welt, die nach neuen religiösen Erfahrungen giert, zu vermarkten, der würde wohl durch seine geistlichen Erlebnisse so von seinen egoistischen Gedanken des Profits und der bigotten Scheinheiligkeit befreit sein, dass er als Geläuterter in die Welt zurückkehren würde. Nichts ist geheimnisvoller als Meditation und Gebet. Es ist mit Schweigen umgeben. Nicht, weil der Schatz wie das Wissen von Geheimbünden vor Uneingeweihten zu schützen wäre, sondern weil das Gebet die Geschwätzigkeit scheut. Es gehört zur intimsten Sphäre des Menschen. Ganz sicher gibt es so etwas wie religiöse Scham, die einem verbietet, sich mit „Erfolgen" zu brüsten. Wer damit beschenkt ist, wird sich kaum besser wähnen als andere. Es gibt wohl wahre Meister der Meditation; aber je vollkommener sie diesen Zugang beherrschen, desto weniger stellen sie ihre Fähigkeit zur Schau. Das Erlebnis strahlt nach innen. Ich vermute, dass die große Gelassenheit der meisten Mönche auf dem Athos ihren Grund in dieser Gebets- und Meditationserfahrung hat. Der Weg dorthin ist lange und beschwerlich. Und sicher lässt er sich nicht von jedem finden, zumal ein Erfolg als Gottesgeschenk gesehen wird. Das Einüben, so betonen alle, die darüber reden, sei eine unendliche Mühe, die nie abgeschlossen sein kann wie das Erlernen des Violinspiels. Nun ist nicht alles um dieses Jesusgebet geheimnisvoll. Es gibt schriftliche Anleitungen. Eine der ältesten stammt aus der ersten

Hälfte des 12. Jahrhunderts: „Dann setze dich in einer stillen Zelle hin, allein in einem Winkel, und achte auf das, was ich dir sage: Schließe die Tür und erhebe deinen Geist über alles Eitle oder Zeitliche; dann stemme deinen Bart an die Brust und richte dein Sinnesauge samt deinem ganzen Geiste auf die Mitte des Unterleibs oder Nabels, halte den Luftstrom, der durch die Nase geht, zurück, um nicht nach Belieben zu atmen, und suche geistig innerhalb der Eingeweide den Ort des Herzens zu finden, wo alle seelischen Kräfte ihren natürlichen Platz haben. Zuerst wirst du dabei Finsternis finden und unnachgiebige Dichtigkeit; wenn du aber dabei bleibst und diese Übung bei Nacht und bei Tage verrichtest, wirst du, o Wunder, unaufhörlichen Frohsinn finden. Sobald nämlich der Geist den Ort des Herzens findet, schaut er zugleich, was er noch nie wusste. Er schaut nämlich die Luft inmitten des Herzens und sich selbst ganz licht und erfüllt von (der Gabe) der Unterscheidung; und wenn von nun an nur ein Gedanke auftaucht, vertreibt und vernichtet er ihn, bevor dieser abgeschlossen und bildlich dargestellt ist, durch die Anrufung Jesu Christi."

Es gibt aber auch noch präzisere Anweisungen und Hilfen. Der einsame Ort der dazu zu wählen ist, sollte nach Möglichkeit abgedunkelt sein. Am besten ist es, sich für die Meditationspraxis täglich eine bestimmte Zeit vorzunehmen, am Anfang nicht mehr als 15 bis 20 Minuten. Es empfiehlt sich der Morgen und der Abend. Wenn der Körper zur Ruhe gebracht worden ist, nimmt man eine gebeugte und entspannte Sitzhaltung ein und beginnt regelmäßig zu beten: „Herr Jesus Christus, Sohn Gottes, erbarme dich meiner." Alles Emotionale soll ausgeschaltet werden. Dann erst werden sich Gelassenheit und Versöhnlichkeit gegenüber allen Menschen und Geringschätzung gegenüber den eigenen Interessen einstellen. Erst so vorbereitet darf und kann auf eine Kommunikation mit Gott gehofft werden. Ziel soll aber nicht die Ekstase, sondern die vollkommene Freiheit des Verstandes und ein beruhigter Wille sein. Es gibt Vermutungen, dass die griechischen Väter schon von den indischen Gebets- und Meditationsformen Kunde hatten. Auch im Westen gibt es eine Jesus-Mystik, die der orthodoxen Meditationspraxis entspricht. Es sei nur an Bernhard von Clairvaux erinnert. Das Jesusgebet war und ist in der orthodoxen Kirche verbreiteter als meist angenommen. Nikodemus vom Athos (gest. 1819) sammelte Ausführungen von achtunddreißig geistlichen Schriftstellern zum Jesusgebet in der „Philokalia". Das Jesusgebet hat seine Wurzeln im Neuen Testament. Der blinde Bartimäus ruft: „Jesus, Sohn Davids, erbarme dich meiner." Auch die Kanaanäerin hatte gerufen: „Erbarme dich meiner, Sohn Davids." Beide erkennen erst nach der Begegnung mit Jesus, dass er der Sohn Gottes ist. Wer in der Gebetsmeditation die Erfahrung dieser Nähe Gottes gemacht hat, scheint so überwältigt zu sein, dass er das Erlebte nicht vollkommen in Worte fassen kann, da es sich wohl um eine Erfahrung handelt, die keine Entsprechung in bisher Erlebtem hat. Viele Menschen im Westen haben sich von den Kirchen und deren Glaubenspraxis verabschiedet und sich fernöstlichen Heilslehren und Meditationsweisen zugewandt. Ganz sicher geschieht dies oft in Unkenntnis dieser in katholischen und vor allem orthodoxen Klöstern seit jeher geübten Meditationsform des Jesusgebets. Viele der wenigen, die ihr Erleben in der Gebetsmeditation weitergeben, betonen, dass das Jesusgebet ein Mittel zur Verwandlung sei. Und das soll wohl heißen, dass es nicht nur bei der gebetsmühlenartigen Namensnennung Jesu bleiben darf, sondern dass sich der Beter dadurch verändert, sich eben nicht von seinen Mitmenschen ab-, sondern sich ihnen zuwendet. Ein Beauftragter des Russischen Heiligen Synods, der 1912/13 mit einer Untersuchungskommission auf den Athos reiste, um die eben auch vorhandenen Auswüchse einer Meditationsversessenheit zu erkunden, betonte, wie wichtig eine kritische Begleitung auch dieser intimsten Glaubenspraxis sei, und er verwies auf Matthäus 7, Vers 21: „Was nennt ihr mich Herr, Herr, und tut nicht, was ich euch sage." Der anfangs zitierte russische Pilger berichtet von der Kommunikation mit jeglicher Kreatur, auch mit Blumen und Tieren. Menschen, die sich fernöstlichen Formen der Religiosität geöffnet haben, betonen immer wieder, wie wichtig ihnen dabei die Erfahrung geworden sei, sich selbst als einen Teil des großen Ganzen zu erleben. Glück, Zufriedenheit und Bescheidenheit würden sich so ganz von allein einstellen.

Nikos Kazantzakis erlebt solche Gottesnähe und Erfahrung des Ganzen in besonderer Weise auf seiner Reise in den Sinai. In *Rechenschaft vor El Greco* hat er ein ganzes Kapitel darüber geschrieben: *„Plötzlich begann die Stille zu reden und meine Seele zu zittern: Was suchst du hier in meinem Haus! Du bist nicht rein, du bist nicht ehrlich, dein Auge schweift umher, ich vertraue dir nicht. Du bist bereit, jeden Augenblick zum Verräter zu werden; dein Glaube ist ein aus vielen Zweifeln zusammengesetztes frevelhaftes Mosaik. Und du weißt nicht, dass an jedem Wegesrand Gott auf dich wartet. Immer wirst du es eilig haben, du wirst halbwegs den Mut verlieren und umkehren, um einen anderen Weg einzuschlagen."* Gewiss ist das Meditationsgebet nur von einem kleinen Teil der Christen Glaubenspraxis, dennoch eine Realität, wenn auch nicht an der Oberfläche.

Goldmund

Heute sind im Kloster Vatopedi mehr Pilger als sonst. Nach dem Gottesdienst werden ihnen die besonderen Reliquien des Klosters gezeigt. In der Kirche stehen die erwartungsvollen Klosterbesucher schon in einer langen Reihe vor dem Priester, der die heiligen Reichtümer vor sich ausgebreitet hat. Die Andächtigen verneigen sich tief vor ihnen und küssen sie ehrfurchtsvoll. Ich stehe auch in der Reihe. Unbedingt will ich den Totenschädel des großen Heiligen Johannes Chrysostomos – Goldmund – von der Nähe sehen. Je näher ich komme, desto unsicherer werde ich. Was soll ich tun? Meine Neugierde ist größer als meine fromme Demut. Muss ich jetzt mit den anderen die Knie beugen und die heiligen Antiquitäten küssen? Und wenn ich's tu, dann doch nur um nicht aus der Reihe zu tanzen. Während ich noch überlege, bin ich schon dran und sage zu dem reliquienhütenden Priester, ich hätte den Schädel des Chrysostomos schon mit den Augen geküsst. Ein freundliches Lächeln scheint mir meine Häresie zu verzeihen. Das dunkle Ohr des Toten ist noch zu erkennen. Es ist nicht verwest, sondern in einer Art mumifiziertem Zustand erhalten. Die Legende erzählt, der Apostel Paulus habe ihm Tag für Tag die Erklärungen zu seinem Brief an die Römer ins Ohr geflüstert. Deshalb, so die Legendenerzähler, sei das der beste Text in der gesamten Väterüberlieferung.

Während ich weggehe wird mir wieder bewusst, dass ich auch zu den bewundernden Verehrern dieses größten Kanzelredners der Christenheit gehöre. Beifall und Zurufe während der Predigt waren an der Tagesordnung. Er setzte sich vehement für die

Armen ein und sagte das seinen reichen Zuhörern unverhohlen. Da sie sich aber weiterhin nicht um die zu kurz Gekommenen kümmerten, warf er ihnen dies von der Kanzel aus vor: „Ihr gebt mir Beifall, richtet euch aber keineswegs nach meinem Rat." Darauf bekam er wieder heftigen Beifall. Auch den Reichtum seiner Kirche geißelte er: „Heutzutage besitzt die Kirche Äcker, Häuser, Mietzinsen aus Wohnungen, Wagen, Zaumpferde, Maulesel und vieles andere derartige Zeug." Chrysostomos blieb bei seiner Kritik. „Vielleicht wird jemand einwenden: Tag für Tag predigst du uns über Almosen und Nächstenliebe. – Allerdings, und ich werde auch immer wieder davon sprechen. In der Kirche dulde ich keine törichte Standeseitelkeit, denn derjenige, der alle berufen hat, wollte nicht, dass der eine sich etwas einbilde, während der andere geringgeschätzt wird." Dabei war seine Kritik nicht nur scharf, sondern auch konstruktiv: „Ich will nicht nur Sünder strafen, sondern Kranke heilen." Der große Chrysostomos war ein kleiner Mann, ein kraftvoller Redner und kränklicher Asket. Er zog sich als Einsiedler in die Berge um seine Heimatstadt Antiochien zurück. Viele Mönche fühlen sich durch seine klaren Worte noch heute in ihrer Absonderung bestätigt: „Sollen denn alle Städter in die Berge ziehen, um in der Einsamkeit Mönche zu werden? – Nein! Aber die Städter sollen sich bemühen, so zu leben, dass die Mönche es nicht mehr nötig haben, die Stadt zu verlassen." Und noch deutlicher: „Der König herrscht über Städte, Länder, Völker und Armeen; der Mönch herrscht über den Zorn, den Neid, die Habsucht. Der Mönch kommt mit seinen Gesängen den Vögeln zuvor, der König schnarcht bis in den Tag hinein." Bis zum heutigen Tag nehmen die orthodoxen Gläubigen die vierzigtägige Fastenzeit vor Ostern sehr ernst. Eigentlich dürfte niemand zur Kommunion im Ostergottesdienst kommen, der sie nicht eingehalten hat. Die Osterpredigt des Chrysostomos aber war so überwältigend, dass seither kein orthodoxer Priester auf der ganzen Welt je eine selbstverfasste Predigt gehalten hat. Sie alle lesen seit über eineinhalb Jahrtausenden seine österliche Kanzelrede über das Gleichnis von den Arbeitern im Weinberg, die alle denselben Lohn erhalten, obwohl die einen den ganzen langen Tag in der Hitze gearbeitet haben und die anderen nur diese eine letzte Abendstunde: „So kommt denn alle, ihr Ersten und ihr Zweiten, Reiche und Arme, seid fröhlich miteinander! Enthaltsame und Leichtsinnige, ehret diesen Tag! Ihr, die ihr gefastet habt und ihr, die ihr nicht gefastet habt, freuet euch heute! Der Tisch ist reich beladen, genießt alle! Das Kalb ist geschlachtet, niemand gehe hungrig hinweg. Niemand sei traurig wegen seiner Übertretungen, denn die Vergebung ist aufgestrahlt aus dem Grabe.“

Beim Hinausgehen entzünde ich für den großen Prediger mit dem goldenen Mund noch eine Kerze, und weil ich kein Bild von ihm in der Kirche finde, stecke ich sie in den Leuchter vor der Panagia.

Kirchenatlas

Orthodoxe Landschaften, Traditionen, Regionen, Kulturen, Welten, Territorien und Gegenden muten den konfessionskundlichen Neuling wie Patchwork und Puzzle an. Und dann die geistlichen Territorialbegriffe wie Diözese, Metropolie, Erzbistum und Patriarchat. Schließlich noch die Unterscheidung von autokephal und autonom. Fangen wir einfach bei den Patriarchaten an. Die Reihenfolge ihres kirchlichen und historischen Ranges liegt seit den Anfängen fest. Nein, es fängt nicht mit Jerusalem an, sondern mit Konstantinopel. Der Patriarch von Konstantinopel ist der „primus inter pares“, der „Erste unter Gleichen“. Er hat bei allen Konzilen oder Synoden den Vorsitz. Autokephal ist eine Kirche, wenn sie – wie der griechische Name sagt – ihr eigenes Oberhaupt hat. Das kann ein Patriarch, ein Erzbischof oder ein Metropolit sein. An erster Stelle steht das Patriarchat Konstantinopel, danach folgen Alexandria, Antiochien, Jerusalem und schließlich Moskau, das aufgrund seiner Größe mit den meisten orthodoxen Christen einen der vordersten Plätze beansprucht. Die weiteren autokephalen Kirchen, die ebenfalls einen Patriarchen an der Spitze haben sind Serbien, Rumänien, Bulgarien und Georgien. Weitere autokephale Kirchen mit einem Erzbischof als Oberhaupt, sind Zypern, Griechenland, Polen, Albanien, Tschechien und Finnland. Auch Estland ist eine autokephale Kirche, allerdings mit einem Metropoliten als Oberhaupt. Diese Kirchen sind alle Teil der großen Orthodoxen Kirche. Deshalb werden sie nicht russisch-orthodox, sondern Russische Orthodoxe Kirche, nicht griechisch-orthodox sondern Griechische Orthodoxe Kirche. usw. genannt. Dann gibt es noch eine weitere orthodoxe

Kirchenfamilie, die sogenannten Orientalischen Orthodoxen Kirchen, oder auch nichtchalcedonensische orthodoxe Kirchen genannt. Diese haben sich schon in den ersten Jahrhunderten von der großen Mutterkirche von Konstantinopel getrennt. Das sind folgende Kirchen:

- die Äthiopische Orthodoxe Kirche,
- die Armenische Apostolische Orthodoxe Kirche,
- die Koptische Orthodoxe Kirche
- die Syrische Orthodoxe Kirche von Antiochien
- die Apostolische und Katholische Kirche
- des Ostens oder Assyrische Kirche
- die Ostsyrische Orthodoxe Kirche in Südindien,Thomaskirche oder Malankarkirche genant
- die Westsyrische Orthodoxe Kirchein Südindien.

Die Zeitrechnung der Koptischen Orthodoxen Kirche unterscheidet sich von allen anderen. Die verheerende Christenverfolgung unter Kaiser Diokletian hat nahezu die ganze koptische Kirche ausgelöscht. „Das Blut der Märtyrer ist der Samen der Kirche." Deshalb beginnt nach deren Verständnis das Leben der Kirche erst im Jahr 284 n. Ch. Sie schreiben heute also das Jahr 1738.

Reformation und Orthodoxie

Martin Luther betont in der Leipziger Disputation 1519 gegenüber dem katholischen Theologen Dr. Eck, dass die orientalischen Kirchen niemals Rom unterstanden. Es könne nicht sein, dass tausende von Märtyrern und Heiligen der christlichen Kirchen in Griechenland, Afrika und Asien von Rom ignoriert werden. Für diese Christen habe die Überordnung der römischen Kirche nie gegolten. Luther: „Ich weiß, dass Gregor von Nazianz und Basileios der Große gerettet sind." Als die erste Lutherbibel auf den Athos kam, waren die Mönche vor allem an den Holzschnitten von Lukas Cranach interessiert. Besonders die Darstellung der „Hure Babylon" in der Offenbarung fand ihre Zustimmung, weil Cranach sie mit der päpstlichen Mithra gekrönt hatte. Der Patriarch von Konstantinopel, Joasaph II., war sehr an dem reformatorischen Geschehen in Wittenberg interessiert. Deshalb entsandte er seinen Vertrauten, den Diakon Demetrios Mysos, um sich vor Ort ein eigenes Bild zu machen. Dieses Interesse des griechischen Patriarchen motivierte nun Melanchthon, sich mit dem reformatorischen Anliegen direkt an ihn zu wenden. Dazu übersetzte er die „Augsburger Konfession" von 1530 ins Griechische. Die Originalfassung war lateinisch, weil sie sich an die römische Kirche wandte. Melanchthon aber wollte den Griechen ein Grieche sein. Seine Übersetzung trägt die Aufschrift „Wider den Türken". Aber trotz dieser äußeren Solidaritätserklärung bleibt sie unbeantwortet. Erst vierzehn Jahre später, 1573 nehmen die Tübinger Professoren, Jakob Andreä, Lukas Osiander und Martin Crusius diesen Faden wieder auf. Der evangelische Prediger an der Kaiserlichen Gesandtschaft in

Konstantinopel, Stephan Gerlach, ist Mittelsmann. Er überreicht im Auftrag seiner Tübinger Lehrer einige Exemplare dieser griechischen Fassung der „Augsburger Konfession". Am 8. Januar 1577 schreibt er in sein Tagebuch, der alte Professor für Literatur an der Patriarchatskirche, Zigomala, hätte gesagt: „Ja, was wissen wir, was oder wo Tübingen sey?" Der Briefwechsel dauerte bis 1581. Abschließend hatte Patriarch Jeremias II. an die Tübinger Professoren geschrieben: „Geht nun Euren Weg! Schreibt uns nicht mehr über Dogmen, sondern allein um der Freundschaft willen, wenn Ihr das wollt. Lebt wohl!" Die reformatorische „Theologie des Wortes" blieb für jene Zeit unvereinbar mit der „Theologie des Mysteriums" in der Orthodoxie. Der große und damals weit über die deutschen Lande hinaus bekannte Professor für Latein und Altgriechisch, Martin Crusius, der den gesamten Briefwechsel seiner Tübinger Kollegen mit dem Patriarchen mitverfasst und vor allem hin und her übersetzt hatte, blieb seinem Anliegen treu. Sein Interesse an allem Griechischen und an den Griechen im Osmanischen Reich hielt ungebrochen an. Ebenso seine Wissbegier bezüglich der Orthodoxie und des Heiligen Berges Athos. Er war ein Sprachgenie, schrieb und sprach Latein und Altgriechisch wie Deutsch. Er hat in seinem Leben über sechtausend evangelische Predigten in Tübingen und Umgebung mitgeschrieben und unmittelbar in Latein oder Griechisch übersetzt. Was immer er über die Griechen, ihre Kultur und ihren Glauben erfahren konnte, schrieb er auf. „Alles Griechische macht mir Freude wie Spielzeug den Kindern". Viele dicke handgeschriebenen Tagebücher sind von ihm erhalten. Wer immer in Länder mit orthodoxen oder altorientalischen Kirchen gereist war, wurde von ihm ausführlich befragt. Immer wieder gilt dem Athos sein gezieltes Interesse. Als Stephan Gerlach endgültig von seiner

Hofpredigerstelle an der kaiserlichen Gesandtschaft in Konstantinopel nach Tübingen zurückkehrt, bringt er Texte und Zeichnungen des Theodosios Zygomala über den Athos mit. Darüber finden sich nun reichliche Aufzeichnungen und eine Lageskizze im Tagebuch des Martin Crusius wieder. Crusius war auch weithin für seine große Sympathie allen Griechen gegenüber bekannt. So blieb es nicht aus, dass auch Petitionen finanzieller Art an ihn herangetragen wurden. Nicht selten kam es vor, dass Griechen aus dem Osmanischen Reich in den Westen kamen, um Lösegeld zum Freikauf ihrer von den Türken gefangen gehaltenen Verwandten zu erbetteln. So kam 1585 der Athos-Mönch Daniel Palaiologos auch nach Tübingen zu Crusius. Vermutlich ging es dabei um den Freikauf von Klosterbrüdern, oder auch um Beihilfen zur Bezahlung der von den Türken auferlegten Klostersteuern. Crusius hat ihn nicht mit leeren Händen gehen lassen und dafür auch kräftig bei seinen Kollegen gesammelt. Dafür bekam er von ihm reichlich Informationen über den Heiligen Berg und seine Bewohner. Sogar eine Lageskizze ist neben vielen schriftlichen Eintragungen im berühmten Tagebuch erhalten. Tübingen galt damals als Hauptstadt des Luthertums. Der Athos war schon viele Jahrhunderte davor zum Herzen der Orthodoxie geworden.

Orthodoxie in Nahost

Christen im Nahen Osten ist ein hierzulande vernachlässigtes Thema. Insbesondere die Präsenz der Orthodoxen seit Beginn des Christentums bewahrt das apostolische Erbe in besonderer Weise. So diente diese Reise des landeskirchlichen „Arbeitskreises Orthodoxe Kirchen" (AKO) Ende Oktober/Anfang November 1984 nach Jordanien und Israel/Palästina dem Besuch dieser christlichen Schwesterkirchen. Hier erlaube ich mir und mute dem Leser, der Leserin eine bloße Aneinanderreihung, jedoch hochkarätiger Begegnungen und Erlebnisse zu: Gespräche mit orthodoxen Priestern über die Situation ihrer Kirchen in Jordanien. Begegnung mit Pastor Numan Smir in Amman von der Arabisch-Lutherischen Kirche. Er berichtet zum Thema: Christsein als Palästinenser. Unterkunft im Maronitischen Hospiz in der Altstadt von Jerusalem. Teilnahme am Vespergottesdienst in der Patriarchatskirche der Kopten in Kairo mit anschließendem Gespräch bei Erzbischof Dr. Basilios. In der Dormitio, dem katholischen Kloster auf dem Zionsberg in Jerusalem führt uns Abt Nikolaus in die Situation der orthodoxen Kirchen in Jerusalem ein. Besuch des Patriarchats der Griechisch-Katholischen Kirche (Melkiten). Der armenische Patriarch empfängt uns zu einem Gespräch im Anschluss an die Liturgie in der St. James Cathedral. Probst Wehrmann von der evangelischen Erlöserkirche hält uns einen Vortrag zur allgemeinen Situation der Kirchen in der Westbank und in Israel. Dort bieten sich auch Begegnungen mit den Bischöfen der Arabisch-Anglikanischen und der Arabisch-Lutherischen Kirche an. Besuch der Abendliturgie im Syrisch-Orthodoxen Konvent. Anschließend Empfang und Gespräch bei Erzbischof Dionysios. Sicher der Höhepunkt für die meisten, die griechisch-orthodoxe Liturgie in der Grabeskirche, oder wie die Orthodoxen sagen: „Auferstehungskirche“. Selbstverständlich gehörten zum Reiseprogramm auch die Besuche der jüdischen und muslimischen Heiligtümer. Unser Delegationsleiter war ein württembergischer Prälat. Da wir im Auftrag der Württembergischen Landeskirche unterwegs waren, erwarteten unsere orthodoxen Gesprächspartner an unserer Spitze zumindest einen Regionalbischof. Der trug natürlich über seinem schwarzen Gewand sein golden glänzendes Prälatenkreuz. Auf dem Weg zur Klagemauer spuckte ein orthodoxer Jude vor ihm aus. Ratspräsident Bedford-Strohm und Kardinal Marx konnte das natürlich nicht passieren. Sie hatten ihr Kreuz abgenommen (sic). Wir verdankten unserem Prälaten die überaus wichtige Begegnung mit den katholischen „Weißen Vätern“. Von ihnen erfuhren wir zum ersten Mal Details über die verheerende Situation der Palästinenser.

Georgien

Drei Stunden Zeitunterschied zwischen Georgien und Deutschland, sowie ein sehr früher Aufbruch am nächsten Morgen ermöglichten immerhin drei Stunden Schlaf. Die Neugierde weckt uns von allein. Der geplante Besuch beim Katholikos-Patriarchen Ilia II. muss um einige hundert Kilometer nach Westen verlegt werden, denn der 21. September ist für Georgien ein großer Feiertag, was wir bei unseren Reisevorbereitungen nicht bedachten. Die Kloster-Kirche in Gelati begeht das Fest der Geburt Marias. Am selben Tag feiert Georgien in diesem Jahr das Millennium der Erhebung Kutaisis zur Hauptstadt. Den Höhepunkt der Feierlichkeiten bildet die Enthüllung eines Reiterstandbildes des Königs David IV. „des Erbauers". Er ging als großer Erneuerer in die Geschichte Georgiens ein. Leider kommen wir zu spät zur Liturgie. Der Patriarch ist schon wieder abgereist. Dennoch wird der Tag in diesem 1105 von David IV. erbauten Kloster zu einem Höhepunkt der Reise. Es ist auf einem kleinen Plateau über einer großen Talsenke errichtet mit weitem Blick bis zu den Schneebergen des Kaukasus. Viele Pilger haben sich eingefunden. Sie beten vor den Ikonen, bringen Kinder zur Taufe, legen die Beichte ab. Ein kleiner Frauenchor singt mehrstimmige liturgische Gesänge. Draußen lagern sich Familien auf der Wiese. Nonnen, Kinder, Soldaten, alle finden sich im Kloster ein. Eine heiter-gelassene Frömmigkeit ohne Pomp und Pathos. Wir scheinen die einzigen Fremden zu sein. Wohlwollend und herzlich begegnet man uns. Keinerlei Neugierde oder Aufdringlichkeit. Viele Stunden haben wir Zeit, uns hier und in Georgien einzufühlen. Zurückhaltende, aber nicht scheue Menschen. Schöne Gesichter, fremd, jedoch nicht fremdartig. Eben nicht europäisch, nicht semitisch, nicht asiatisch, sondern eine eigene ethnische Identität: Kaukasisch. Am Nachmittag kommt der Patriarch mit Staatspräsident Eduard Schewardnadse mit großem Gefolge ins Kloster zurück. Schewardnadse hat sich 1990 taufen lassen. Sein Besuch im Kloster ist eine Wallfahrt zum Grab König Davids „des Erbauers". Der Patriarch erteilt ihm dort den Segen. Beim anschließenden Besuch der Hauptkirche bleiben die beiden lange vor dem Fresco des Königs David IV. stehen. Der Patriarch scheint den Präsidenten auf die Weitsicht, Genialität und Größe dieses mittelalterlichen Herrschers verpflichten zu wollen. Er hat das Land geeint und große Neuerungen durchgeführt. Diese Geste der beiden großen Männer Georgiens wird sicher ihre Wirkung auf die Politik, insbesondere auf die bevorstehenden Wahlen nicht verfehlen. Dennoch ist sie von den Kategorien Investiturstreit, Opportunismus oder Instrumentalisierung unverdächtig weit entfernt, denn das Volk scheint als Ganzes trotz jahrzehntelanger kommunistischer Überfremdung sich seine christliche Identität bewahrt zu haben. Uns bleibt ein bewegtes Staunen. Ganz sicher ist Gelati das bedeutendste Kloster Georgiens. Es war mit großen Gütern und besonderen Privilegien ausgestattet und zu einem Zentrum von Kunst und Wissenschaft avanciert. Es galt als „Neues Jerusalem", und die dort eingerichtete Akademie als das „neue Athen". Die hatte Verbindung zu allen wichtigen orthodoxen Klöstern in Jerusalem, auf dem Athos, in Bulgarien und im Sinai.

1816 und 1817 war in Württemberg eine Hungerkatastrophe ausgebrochen. Viele sahen sich zur Auswanderung gezwungen. Der russische Zar Alexander I. bot großzügige Siedlungsflächen im erst 1801 von ihm annektierten Georgien an. Der Trend der Flüchtenden nach Osten aber rührte auch von Johann Albrecht

Bengels Prophezeiung her, Jesus würde 1836 im Heiligen Land wiederkehren. Heute gibt es in Georgien noch 19 von den Schwaben gegründete Dörfer: Katharinenfeld, Alexanderdorf, Marienfeld, Elisabethenthal, Petersdorf, Annenfeld sind mir noch in Erinnerung. Unter Stalin wurden alle Deutschstämmigen in diesen Dörfern überwiegend nach Kasachstan deportiert. 1946 mussten deutsche Kriegsgefangene die Kirche ihrer Landsleute in Tiflis abbrechen. Nach der Wende gründeten sie dort wieder eine Gemeinde. Gottesdienste wurden in den verschiedensten Räumlichkeiten gehalten. Heute hat die Universität des Saarlandes eine Partnerschaft mit der Universität Georgiens. Theologieprofessor Gerd Hummel ist der dafür Beauftragte. Er verkaufte kurzerhand sein Haus und finanzierte damit den Bau einer Kirche für die deutschsprachige evangelische Gemeinde in Tiflis. Eine Delegation des „Arbeitskreises Orthodoxe Kirchen" war bei der feierlichen Grundsteinlegung dabei und bereicherte die Liturgie mit zwei vierstimmigen Bach-Chorälen. Übrigens, der von Baudirektor Gräf der württembergischen Landeskirche im Flugzeug mühsam als Handgepäck mitgebrachte Stein war kein Grundstein, sondern ein Schlussstein in Form einer Lutherrose. Der Transport war aufwendig und der erhoffte Beifall bescheiden. Wer sich nicht von der vorherrschenden Kirchenbauarchitektur in Georgien beeindrucken lässt, muss blind sein. Sie scheint eine vollkommene Synthese westlicher Romanik und östlicher byzantinischer Kirchenbaukunst zu sein. Begabte Steinmetze gibt es hier zuhauf. Und kirchliche Baukunst gehört zu den Prüfungsfächern im theologischen Examen.

Noch zwei Bemerkungen zum Schluss: In Gori, seiner Geburtsstadt steht ein monumentales Stalindenkmal. Es ist bei weitem nicht das einzige im Land. Unser überraschtes Fragen wurde fast immer mit der gleichen Replik beantwortet. Wir sind immer noch stolz auf ihn. Er war der einzige Georgier, der den Russen gezeigt hat, wo es lang geht. Und vergessen möchte ich doch nicht die Bemerkung, dass der heute noch in den schwäbischen Dörfern Georgiens angebaute und gekelterte Rotwein der beste ist, den ich je getrunken habe.

Armenien

Armenien scheint ein exotisches Reiseziel zu sein. Der „Arbeitskreis Orthodoxe Kirchen" hat sich zum Besuch der dortigen Kirche entschieden. Zum einen, weil hierzulande immer mehr Armenier Gemeinden gründen, aber auch, weil das armenische Volk noch immer die Narben des Genozids von 1915 trägt, was bis heute in der Türkei zu nennen bei Strafe verboten ist. Deutsche Reiseleiter wurden deswegen wiederholt inhaftiert. Aber auch in der Zeit der UdSSR war es für das kleine christliche Volk nicht leicht, sich zu behaupten, was ihm aber in überraschender Weise gelungen ist. Nicht zuletzt durch seine hervorragenden Leistungen auf dem Gebiet der Elektronik. Hier war das größte Know How des russischen Weltreichs verdichtet. Das ermöglichte auch gewisse Freiheiten. Es hieß, die Medien könnten sich liberaler gebärden als sonst im Kommunismus. Diese vermeintliche kleine Freiheit wurde aber im Volk verspottet. Radio Eriwan erlaubte sich, Hörerfragen ganz offen zu beantworten. Die Antworten wurden aber belächelt, weil sie immer auch die Zwiespältigkeit von Funk und Presse offenbarten. Die Antworten begannen immer mit „Im Prinzip ja, aber ...". Unsere armenische Reiseleiterin war eine promovierte Germanistin, nicht nur äußerst kompetent, sondern auch humorvoll. Als wir sie darauf ansprachen, meinte sie lachend, solche Späße ließen sich die Redakteure auch heute noch nicht entgehen. Und dann erzählte sie uns den Folgenden: Frage an Radio Eriwan nach dem Mord an John Kennedy: „Ist es nicht meeglich, dass auch einer bei uns mechte den Staatsratsvorsitzenden Chruschtschow teeten?" – Antwort: „Im Prinzip Ja, aber es mechte sich wohl keiner finden, der dann die Witwe cheiraten will." Besonders beeindruckt hat mich auf dieser Reise in das geheimnisvolle Land Armenien die Fahrt zum Sewansee. Er ist doppelt so groß wie der Bodensee. Er liegt auf rund 2000 Meter und ist uraltes Siedlungsgebiet. Auf einer der Inseln soll Gregor der Erleuchter schon im Jahr 305 an Stelle eines heidnischen Tempels eine Kirche errichtet haben. Heute ist dort ein Priesterseminar mit fortschrittlichem Ausbildungsprogramm. Prinzipal ist Geworg Saroyan. Er hat auch in Deutschland bei Jürgen Moltmann studiert. Zur Zeit verfasst er eine Doktorarbeit über Adolf Harnack, den Kritiker der Orthodoxie. Die Begegnung mit ihm habe, so Saroyan, seiner Kirche seinerzeit große Veränderung gebracht, die bis heute anhalte. Schon damals hätten viele armenische Theologiestudenten in Deutschland studiert. Die harsche Kritik Harnacks an der Orthodoxie habe nicht nur verletzt, sondern auch einen Wandlungsprozess eingeleitet.

Der Genozid 1915 am armenischen Volk allerdings war ein wesentlicher Grund unserer Reise. Dieses Schicksal der Armenier ist auch ein Teil unserer eigenen Geschichte, als Deutsche und als Christen. Das wilhelminische Kaiserreich war tief verstrickt in diese Dunkelheit. Die deutsch-türkischen Beziehungen waren die oberste Staatsräson, der auch die Wahrheit über das armenische Schicksal zum Opfer fiel. In den Preußischen Jahrbüchern jener Tage ist zu lesen: „Der osmanische Krummsäbel und das deutsche Schwert werden diese Intrigen durchkreuzen." Im Reichstag wurde die Verfolgung der Armenier als „innertürkische Verwaltungsangelegenheit" bezeichnet. Im März 1915 richtete der armenische Patriarch von Konstantinopel an den deutschen Botschafter von Wangenheim den Appell, sich der Armenier anzunehmen. Dies wurde als überflüssig zurückgewiesen. Die deutsche Presse wurde diesbezüglich streng zensiert. Aber in der „Christlichen Welt" war zu lesen: „Weniger edelmütig hat keine Großmacht sich während der armenischen Krisis benommen, als die deutsche Regierung und das deutsche Volk." Es soll nicht unerwähnt bleiben, dass die „Orientmission" und der „Christliche Hilfsbund", aber auch hilfsbereite Mitbürger unter den Türken trotz Schikanen große Hilfe leisteten. Als Delegation unserer Landeskirche besuchten wir die Gedenkstätte Tsitsernakaberd des architektonisch sehr beeindruckenden Denkmals auf einer Höhe bei Jeriwan und legten am 4. Mai 2010 dort einen Kranz nieder. Aus meiner Ansprache: „Wir stehen hier als Deutsche und als Christen in tiefer Solidarität mit dem armenischen Volk und im Bewusstsein unserer Mitverantwortung für dessen großes Leid in der Vergangenheit. Wer das Stöhnen, Ächzen, Schreien und Winseln von gefolterten, geschundenen und verbrennenden Menschen je gehört hat, kann es nie wieder vergessen. Wir stehen hier in der Hoffnung, dass diese grauenvolle Wahrheit endlich überall ans Licht kommt. Erst dann kann sie einmal Vergangenheit werden – Boden für Zukunft. Das laute Schweigen der Toten kann dann zum Grundton einer neuen Harmonie zwischen Menschen und Völkern werden."

Genozid

Unter dem Thema „Mit einer Stimme sprechen" versammelten sich Armenier, Syrer und Griechen am 28. Mai 2011 im Kursaal von Bad Cannstatt zum Jahrestag des Genozids an ihren Völkern im Osmanischen Reich. Ich wurde um ein Grußwort gebeten.

Sehr verehrte Damen und Herren,

erlauben Sie mir, dass ich mit einer persönlichen Vorbemerkung beginne: Als Stuttgarter Bürger schäme ich mich für die Entscheidung unseres Universitätsrektors, Ihnen mit Ihrer Veranstaltung das Gastrecht zu verweigern. Er wollte keine politische Veranstaltung in der Uni dulden. Meines Erachtens aber ist gerade dessen Ausladung eine hochpolitische Entscheidung.

Zunächst darf ich Ihnen die Grüße und Segenswünsche der Evangelischen Württembergischen Landeskirche und unseres Bischofs Dr. July überbringen.

Ich bedanke mich für die Ehre, hier bei Ihrer Gedenkveranstaltung aus Anlass des Genozids an Ihren Völkern und Religionsgemeinschaften ein Grußwort sprechen zu dürfen.

Es ist gut, dass Sie alle, Armenier, Griechen, Syrer und Assyrer jetzt mit einer Stimme sprechen. Sie bringen damit deutlich zum Ausdruck, dass es Ihnen nicht um Ihren ethnischen oder nationalen Egoismus geht, sondern um das gemeinsame Schicksal aller Christen in der Türkei Anfang des vergangenen Jahrhunderts.

Wir Deutschen tragen Mitschuld an dieser Völkerrechts-Tragödie. Die deutsche Regierung war über die armenische Katastrophe sehr gut unterrichtet, unternahm selbst aber nichts. Im Deutschen Reichstag wurde die Verfolgung der Armenier als „innertürkische Verwaltungsangelegenheit“ bezeichnet. Im März 1915 richtete der armenische Patriarch von Konstantinopel an den deutschen Botschafter von Wangenheim den Appell, sich der Armenier anzunehmen. Dies wurde als überflüssig zurückgewiesen.

Im Mai des vergangenen Jahres war ich mit einer Delegation unserer Landeskirche in Armenien. Bei der Kranzniederlegung am Mahnmal des Völkermordes in Eriwan sagte ich in meiner Ansprache: „Wir stehen hier in der Hoffnung, dass diese grauenvolle Wahrheit endlich überall ans Licht kommt. Erst dann kann sie einmal Vergangenheit werden – Boden für Zukunft.“

Henry Morgenthau, der amerikanische Botschafter in Konstantinopel schrieb 1919: „Die Armenier sind nicht das einzige Volk in der Türkei ... das unter dieser türkischen Politik gelitten hat ... Auch die Griechen und Syrer zählen dazu.“

In welchem Ausmaß die syrisch-orthodoxe Bevölkerung in der Türkei von Massakern, Vertreibung und Völkermord betroffen war, erfuhr ich erst bei einer Reise in den 90er-Jahren mit einer Delegation der Bayerischen Landeskirche in den Tur Abdin in der Osttürkei. Wir waren alle sehr beeindruckt vom Bekenntnis des Erzbischofs Timotheus Samuel Aktas, dem Abt des bereits 395 gegründeten

Klosters Mar Gabriel. Er sagte: „Wir werden hier bleiben, auch wenn es das Leben kostet." Mein besonderes Verhältnis zu den Griechen reicht in meine Schulzeit zurück, und 1959 war ich dann auch schon zum ersten Mal in Griechenland. Über das schwere Schicksal der Griechen in der Türkei und im Kaukasusgebiet erfuhr ich von meinem Lieblingsschriftsteller Nikos Kazantzakis. In seinem großen autobiografischen Werk „Rechenschaft vor El Greco" berichtet er von seiner Reise in den Kaukasus und in den Pontus, um im Auftrag der griechischen Regierung die Rückkehr der dort lebenden Griechen in ihre Heimat zu organisieren. Er schreibt von der Heimreise: „Das Schiff war voll von Seelen, die entwurzelt waren aus ihrer Erde, und die ich nach Griechenland führte, um sie dort umzupflanzen. Menschen, Pferde, Rinder, Waschbottiche, Wiegen, Matratzen, heilige Ikonen und Evangeliare, flohen ... und nahmen Richtung auf das freie Griechenland." Kazantzakis trauerte mit den Vertriebenen, mit ihrem Leid, mit ihren Tränen, aber er zeigte ihnen Hoffnung und sagte ihnen, dass ihre vielen „Tränen die Kraft haben, Wassermühlen zu betreiben" als Kraft für neues Leben.

Ich möchte Sie und uns alle wieder daran erinnern, dass der verwegene Prometheus allen Menschen das Feuer gebracht hat, und das sicher nicht nur um Kaffee zu kochen, sondern um Eisen zu schmieden und feurigen Mut zu entfachen.

Die Argonauten saßen einst alle in einem Boot. Nur gemeinsam konnten sie erfolgreich sein. Giorgos Seferis schreibt in seinem Gedicht „Die Argonauten": „Brave

Leute waren sie, die Gefährten, sie murrten nicht über die Mühe noch über den Durst, noch über die Kälte. Es waren brave Leute, ganze Tage lang schwitzten sie an der Ruderbank, gesenkten Auges ... Manchmal sangen sie auch ..."

Dass Sie alle, Armenier, Griechen und Syrer sich nun zusammengeschlossen haben, ist der erste und wichtigste Schritt auf dem Weg zum Erfolg. Eines soll dabei für immer gelten: „Vergeben ja! Aber Vergessen, nie!"

Sie alle wollen Versöhnung, und die Voraussetzung dazu ist die Anerkennung des großen Unrechts, das Ihnen angetan wurde. Wir stehen nicht nur an Ihrer Seite, sondern wissen uns auch mit in der Verantwortung für dieses leidvolle Geschehen.

Behüte uns Gott auf diesem Weg!

Finnland

Zum Schluss die Reise in die kleinste und wohl liberalste orthodoxe Kirche. Diese Reise des landeskirchlichen „Arbeitskreises Orthodoxe Kirchen“ nach Finnland war für alle Teilnehmer ein überwältigendes Erlebnis. Noch nie ist uns eine so großherzige, liberale und weltoffene orthodoxe Kirche begegnet. Es rührt wohl daher, dass es eine sehr kleine Kirche im von Lutheranern dominierten Land ist. Die Einladung auf der Homepage des Klosters Valamo lockt ins klösterliche Paradies: „Sauna, Fitnessraum, Weinstube, Wanderungen, Lagerfeuer.“ Schon die Anfahrt durch die bezaubernde Seenlandschaft lässt paradiesische Zustände erahnen. Helle Birken halten wie Wurzeln der Wolken den blauen Himmel und sein Spiegelbild in den Seen zusammen. Der Klosterprospekt versteigt sich gar zu der Aussage, es handle sich hier um das größte Weingut Finnlands. Selbst wenn es sich bei einem Kloster um einen Weinberg des Herrn handelt, Weinreben haben sich bislang dem skandinavischen Klima verweigert. Das üppige Angebot des Klosterladens überwältigt die Zweifler. Beeren aller Art geben sich gerne der Vergärung zu den besten Weinen und Sekten hin. Honig, Marmeladen, Tees, Kräuter, Obst und Gemüse verführen die retraite-orientierten Frommen. Sie werden in diesem heiteren Klosterpark nicht zu asketisch kargem Leben genötigt, sondern zur frohen Feier der Liturgie geladen: „In den Gottesdiensten sind alle, unabhängig von ihrer Konfession willkommen. Wer möchte, kann sich bekreuzigen, verbeugen und Kerzen anzünden. Auch zu den Stundengebeten sind alle Gäste willkommen.“ Ein Abt hat das geistliche Leben als „Weg in den Mittelpunkt“ beschrieben. Die Menschen nähern sich nicht nur dem Zentrum, sondern kommen sich dabei auch immer näher. Nichts deutet in dieser Oase der Ruhe zwischen Seen und Wäldern auf orthodoxe Strenge oder religiöse Gesetzlichkeit hin. Die Mahlzeiten sind Feste mit lukullischen Verführungen für Augen und Gaumen. Dass die Gründer dieses friedlichen Ortes Flüchtlinge waren, kann nicht oft genug betont werden. Im 2. Weltkrieg waren die Mönche des Klosters aus dem 14. Jahrhundert im Ladogasee zur Flucht aus Russland genötigt. Sie hatten die Kraft und das Vertrauen zu dieser Neugründung auf finnischem Boden. In dieser neuen Umgebung weitete sich die Freiheit des Evangeliums zu einer in der Orthodoxen Kirche neuen Offenheit. Die altslawische Liturgiesprache wurde zugunsten des Finnischen aufgegeben. Als einzige orthodoxe Kirche folgt die finnische ausschließlich dem gregorianischen Festkalender. Wenn sich das Kloster auch im Lauf der Jahrzehnte von der Russischen Orthodoxen Mutterkirche entfernt hat, bleibt sie doch deren Erbe in gewisser Weise verbunden. Unser sehr offenes und in herzlicher Atmosphäre stattfindendes Gespräch mit dem Abt fand in einem Raum statt, an dessen Wänden ausschließlich Konterfeis der russischen Zaren hingen.

Ein Besuch des Nachbar- oder besser gesagt des Schwesterklosters Lintula ergibt sich wie von selbst. Es ist das einzige orthodoxe Frauenkloster in Finnland. Die Nonnen waren wie die Mönche im Kloster Valamo während des sogenannten „Winterkrieges“ zur Flucht vor den russischen Streitkräften gezwungen. Ihr Ursprungskloster in Kivennapa auf der karelischen Landenge, die damals zu Finnland gehörte, wurde 1895 von dem Abgeordneten Feodor Petrowich Neronov und seiner Frau Larisa Alexeyevna gestiftet. Die Neugründung ihres Klosters 1946 fand nicht von ungefähr in Heinävesi, ganz in der Nähe des

Männerklosters Valamo statt. Zum einen erhoffte man sich davon einen gewissen Schutz. Zum andern aber waren auch männliche Handwerkskünste und -kräfte beim Bau von Kirche und Klostergebäuden gefragt. Der überaus herzliche Empfang und die Führung in der Kirche zur Heiligen Dreieinigkeit durch die Priorin mit ihrer sanften Stimme, ließ uns die Idylle dieses frommen Klostergartens erahnen.

Es scheint als habe sich die Orthodoxie in Finnland am weitesten hin zu den westlichen Kirchen geöffnet. Es ist an der Zeit, dass auch wir im Westen zunehmend den orthodoxen Glaubensgeschwistern entgegen gehen.

Erklärung orthodoxer Theologen zur Lehre von der „Russischen Welt“ (Russkij Mir)

„Für den Frieden der ganzen Welt,
für das Wohlergehen der heiligen Kirchen Gottes,
und für die Einheit aller lasst uns zum Herrn beten.“

(Göttliche Liturgie)

Die russische Invasion in die Ukraine am 24. Februar 2022 ist eine historische Bedrohung für ein Volk mit orthodoxer christlicher Tradition. Noch beunruhigender für die orthodoxen Gläubigen ist, dass die leitende Hierarchie der Russischen Orthodoxen Kirche sich geweigert hat, diese Invasion als das zu bezeichnen, was sie ist, und stattdessen vage Erklärungen über die Notwendigkeit des Friedens angesichts der „Ereignisse“ und „Feindseligkeiten“ in der Ukraine abgegeben hat, während sie die brüderliche Natur des ukrainischen und des russischen Volkes als Teil der „Heiligen Rus“ betonte, die Feindseligkeiten dem bösen „Westen“ anlastete und sogar ihre Gemeinden anwies, in einer Weise zu beten, die die Feindseligkeit noch zusätzlich fördert.

Die Unterstützung des Krieges von Präsident Wladimir Putin gegen die Ukraine durch viele Mitglieder der Hierarchie des Moskauer Patriarchats hat ihre Wurzeln in einer Form von orthodoxem ethnophyletischem religiösem Fundamentalismus mit totalitärem Charakter, genannt „Russkij Mir“ oder „die Russische Welt“, eine falsche Lehre, die viele in der orthodoxen Kirche anzieht, obgleich sie von der extremen Rechten und auch von katholischen und protestantischen Fundamentalisten aufgegriffen und verbreitet wurde.

In den Reden von Präsident Wladimir Putin und Patriarch Kyrill (Gundiaev) von Moskau (Moskauer Patriarchat) wurde die „Russische-Welt"-Ideologie in den letzten 20 Jahren wiederholt beschworen und weiterentwickelt. Im Jahr 2014, als Russland die Krim annektierte und einen Stellvertreterkrieg im ukrainischen Donbas begann, bis hin zum Beginn des ausgewachsenen Krieges gegen die Ukraine und danach, haben Putin und Patriarch Kyrill die „Russische-Welt"-Ideologie als Hauptbegründung für die Invasion verwendet. Diese Lehre besagt, dass es eine transnationale russische Sphäre oder Zivilisation gibt, die „Heiliges Russland" oder „Heilige Rus" genannt wird. Sie umfasst vom Anspruch her Russland, die Ukraine und Weißrussland (und manchmal Moldawien und Kasachstan) sowie ethnische Russen und russischsprachige Menschen in der ganzen Welt. Sie geht davon aus, dass diese „russische Welt" ein gemeinsames politisches Zentrum (Moskau), ein gemeinsames geistiges Zentrum (Kiew als „Mutter aller Rus"), eine gemeinsame Sprache (Russisch), eine gemeinsame Kirche (die russisch-orthodoxe Kirche, das Moskauer Patriarchat) und einen gemeinsamen Patriarchen (den Patriarchen von Moskau) hat, der – dem Konzept der „symphonia" entsprechend – mit einem gemeinsamen Präsidenten/Nationalen Führer (Putin) zusammenarbeitet, um diese russische Welt zu regieren und eine gemeinsame, unverwechselbare Spiritualität, Moral und Kultur aufrecht zu erhalten.

Gegen diese „Russische Welt" (so die Lehre) steht der korrupte Westen, angeführt von den Vereinigten Staaten und den westeuropäischen Nationen, der vor dem „Liberalismus", der „Globalisierung", der „Christenfeindlichkeit", den in Schwulenparaden propagierten „Rechten von Homosexuellen" und dem „militanten Säkularismus" kapituliert hat. Gegenüber dem Westen und denjenigen Orthodoxen, die dem Schisma und dem Irrtum verfallen sind (wie der Ökumenische Patriarch Bartholomaios und andere orthodoxe Ortskirchen, die ihn unterstützen), stehen das Moskauer Patriarchat und Wladimir Putin da als die wahren Verteidiger der orthodoxen Lehre, die sie im Sinne einer traditionellen Moral, eines rigorosen und unflexiblen Traditionsverständnisses und der Verehrung des Heiligen Russlands verstehen und akzentuieren.

Seit der Inthronisierung von Patriarch Kyrill im Jahr 2009 haben sich die führenden Persönlichkeiten des Moskauer Patriarchats sowie Sprecher des russischen Staates immer wieder auf diese Grundsätze berufen, um die theologischen Grundlagen der orthodoxen Einheit zu untergraben. Das Prinzip der ethnischen Organisation von Kirche wurde auf dem Konzil von Konstantinopel im Jahr 1872 verurteilt. Die falsche Lehre des Ethnophyletismus ist die Grundlage der „Russischen-Welt"-Ideologie. Wenn wir solche falschen nationalreligiösen Prinzipien für gültig erachten, dann hört die orthodoxe Kirche auf, die Kirche des Evangeliums Jesu Christi, der Apostel, des Nizäno-Konstantinopolitanischen Glaubensbekenntnisses, der Ökumenischen Konzilien und der Kirchenväter zu sein. Einheit wird dadurch intrinsisch unmöglich.

Deshalb lehnen wir die Irrlehre von der „Russischen Welt" und die schändlichen Handlungen der russischen Regierung, die mit Duldung der russisch-orthodoxen Kirche einen Krieg gegen die Ukraine entfesselt hat, der sich aus dieser abscheulichen und unhaltbaren Lehre ergibt, als zutiefst unorthodox, unchristlich und gegen die Menschheit gerichtet ab. Denn diese ist dazu berufen, „gerechtfertigt ... erleuchtet ... und gewaschen zu werden im Namen unseres Herrn Jesus Christus und durch den Geist Gottes“ (Taufritus). So wie Russland in die Ukraine gewaltsam eingedrungen ist, so ist auch das Moskauer Patriarchat von Patriarch Kyrill in die orthodoxe Kirche anderer Kontinente eingedrungen, z. B. in Afrika, und hat Spaltung und Zwietracht verursacht, mit unzähligen Opfern nicht nur am Leib, sondern auch an der Seele, was das Heil der Gläubigen gefährdet.

Angesichts der Lehre von der „russischen Welt“, die die Kirche verwüstet und spaltet, sind wir durch das Evangelium unseres Herrn Jesus Christus und die heilige Tradition seines lebendigen Leibes, der orthodoxen Kirche, inspiriert, die folgenden Wahrheiten zu verkünden und zu bekennen:

1. **„Mein Reich ist nicht von dieser Welt. Wäre mein Reich von dieser Welt, so würden meine Diener kämpfen, damit ich den Juden nicht ausgeliefert würde; nun aber ist mein Reich nicht von dieser Welt.“ (Johannes 18,36).**

Wir bekräftigen, dass das von Gott gewollte Ziel und die Vollendung der Geschichte, ihr Telos, das Kommen des Reiches unseres Herrn Jesus Christus ist, eines Reiches der Gerechtigkeit, des Friedens und der Freude im Heiligen Geist, eines Reiches, das von der Heiligen Schrift in der autoritativen Auslegung der Väter bezeugt wird. Dies ist das Reich, an dem wir durch einen Vorgeschmack in jeder Heiligen Liturgie teilhaben: „Gepriesen sei das Reich des Vaters, des Sohnes und des Heiligen Geistes, jetzt und immerdar und bis in alle Ewigkeit!“ (Göttliche Liturgie). Dieses Reich ist die einzige Grundlage und Autorität für die Orthodoxen, ja für alle Christen. Für die Orthodoxie als Leib des lebendigen Christus gibt es keine andere Offenbarungsquelle, keine andere Grundlage für Gemeinschaft, Gesellschaft, Staat, Recht, persönliche Identität und Lehre als die, die in unserem Herrn Jesus Christus und dem Geist Gottes, von ihnen und durch sie geoffenbart ist.

Wir verurteilen daher und lehnen als unorthodox ab jede Lehre, die versucht, das Reich Gottes, das von den Propheten geschaut, von Christus verkündet und eingesetzt, von den Aposteln gelehrt, von der Kirche als Weisheit angenommen und von den Vätern als Dogma festgelegt wurde und in jeder heiligen Liturgie erlebt wird, zu ersetzen durch ein Reich dieser Welt, sei es die Heilige Rus, das Heilige Byzanz oder irgendein anderes irdisches Reich, und damit die Autorität Christi, das Reich Gott dem Vater zu übergeben (1. Korinther 15,24), zu usurpieren, und Gottes Macht zu leugnen, jede Träne von jedem Auge abzuwischen (Offenbarung 21,4). Wir verurteilen entschieden jede Form von Theologie, die leugnet, dass Christen Fremdlinge und Flüchtlinge in dieser Welt sind (Hebräer 13,14), d. h. die Tatsache, dass „unser Bürgerrecht im Himmel ist und wir von dort den Retter, den Herrn Jesus Christus, erwarten" (Philipper 3,20) und dass Christen „in ihren jeweiligen Ländern wohnen, aber nur als Gäste. Sie nehmen an allem teil wie Bürger und lassen sich alles gefallen wie Fremde. Jedes fremde Land ist ihre Heimat, und jede Heimat ist ein fremdes Land" (Brief an Diognet, 5).

2. „Gebt also dem Kaiser, was dem Kaiser gehört, und Gott, was Gott gehört." (Matthäus 22,21)

Wir bekräftigen, dass wir in Erwartung des endgültigen Triumphs des Reiches Gottes die alleinige und endgültige Autorität unseres Herrn Jesus Christus anerkennen. In diesem Zeitalter sorgen irdische Herrscher für Frieden, damit das Volk Gottes „ein ruhiges und geordnetes Leben in aller Gottseligkeit und Heiligkeit" (Göttliche Liturgie) führen kann. Dennoch gibt es keine Nation, keinen Staat und keine Ordnung des menschlichen Lebens, die einen höheren Anspruch auf uns erheben kann als Jesus Christus, in dessen Namen sich „jedes Knie beugen soll, im Himmel und auf der Erde und unter der Erde" (Philipper 2,10).

Wir verurteilen daher und lehnen als unorthodox ab jede Lehre, die das Reich Gottes, das sich in der einen heiligen Kirche Gottes manifestiert, irgendeinem Reich dieser Welt unterordnen würde, das nach anderen kirchlichen oder weltlichen Herren sucht, die uns rechtfertigen und erlösen können. Wir lehnen entschieden alle Regierungsformen ab, die den Staat vergöttern (Theokratie) und die Kirche absorbieren und sie ihrer Freiheit, prophetisch gegen alles Unrecht aufzutreten, berauben. Wir verwerfen auch all jene, die den Cäsaropapismus unterstützen und ihren letztendlichen Gehorsam gegenüber dem gekreuzigten und auferstandenen Herrn durch den Gehorsam gegenüber jedem Führer ersetzen, der mit unbegrenzten Herrschaftsbefugnissen ausgestattet ist und behauptet, selber Gottes Gesalbter zu sein, ob er nun den Titel „Cäsar", „Kaiser", „Zar" oder „Präsident" trägt.

3. „Da ist nicht mehr Jude noch Grieche, da ist nicht mehr Sklave noch Freier, da ist nicht mehr Mann noch Frau; denn ihr seid allesamt einer in Christus Jesus." (Galater 3,28).

Wir bekräftigen, dass die Aufteilung der Menschheit in Gruppen auf der Grundlage von Rasse, Religion, Sprache, ethnischer Zugehörigkeit oder irgendeinem anderen sekundären Merkmal der menschlichen Existenz ein Kennzeichen dieser unvollkommenen und sündigen Welt ist, das nach der patristischen Tradition als „Unterscheidungen des Fleisches" (Gregor von Nazianz, Rede 7, 23) bezeichnet wird. Die Behauptung der Überlegenheit einer Gruppe gegenüber anderen ist ein charakteristisches Übel solcher Unterscheidungen, die im völligen Gegensatz zum Evangelium stehen, in dem alle eins und gleich in Christus sind, alle sich vor ihm für ihre Taten verantworten müssen und alle Zugang zu seiner Liebe und Vergebung haben – nicht als Mitglieder bestimmter sozialer oder ethnischer Gruppen, sondern als Personen, die gleichermaßen nach dem Bild und Gleichnis Gottes geschaffen und geboren sind (Genesis 1,26).

Wir verurteilen daher jede Lehre als nicht-orthodox und lehnen sie ab, die einer einzelnen lokalen, nationalen oder ethnischen Identität göttliche Einsetzung oder Autorität, besondere Heiligkeit oder Reinheit zuschreibt oder eine bestimmte Kultur als besonders oder göttlich gewollt charakterisiert, sei sie griechisch, rumänisch, russisch, ukrainisch oder eine andere.

4. **„Ihr habt gehört, dass gesagt worden ist: Du sollst deinen Nächsten lieben und deinen Feind hassen. Ich aber sage euch: Liebt eure Feinde und bittet für die, die euch verfolgen, damit ihr Kinder eures Vaters im Himmel seid." (Matthäus 5,43-45)**

Wir bekräftigen – dem Gebot unseres Herrn folgend –, dass, wie der heilige Siluan der Athonit erklärt, „die Gnade Gottes nicht in dem Menschen ist, der seine Feinde nicht liebt", und dass wir keinen Frieden erfahren können, solange wir unsere Feinde nicht lieben. So ist das Führen von Kriegen der ultimative Verstoß gegen das Gesetz der Liebe Christi.

Wir verurteilen daher jede Lehre und lehnen sie als unorthodox ab, die zu Spaltung, Misstrauen, Hass und Gewalt zwischen Völkern, Religionen, Konfessionen, Nationen oder Staaten ermutigt. Wir verurteilen ferner jede Lehre als nicht-orthodox und lehnen sie ab, die diejenigen dämonisiert oder zur Dämonisierung ermutigt, die der Staat oder die Gesellschaft als „anders" betrachtet, einschließlich Ausländern, politisch und religiös Andersdenkenden und anderen stigmatisierten sozialen Minderheiten. Wir lehnen jede manichäische und gnostische Spaltung ab, die eine heilige orthodoxe östliche Kultur und ihre orthodoxen Völker über einen entwürdigten und unmoralischen „Westen" erheben würde. Es ist besonders verwerflich, andere Nationen durch besondere liturgische Bitten der Kirche zu verurteilen, indem man die Mitglieder der orthodoxen Kirche und ihre Kulturen als geistlich in besonderer Weise geheiligt gegenüber den fleischlichen, weltlichen „Heterodoxen" erhebt.

5. **„Geht hin und lernt, was das bedeutet: Ich will Barmherzigkeit und nicht Opfer. Denn ich bin nicht gekommen, um die Gerechten zu rufen, sondern die Sünder." (Matthäus 9,13; vgl. Hosea 6,6 und Jesaja 1,11-17).**

Wir bekräftigen, dass Christus uns aufruft, persönliche und gemeinschaftliche Nächstenliebe gegenüber den Armen, den Hungernden, den Obdachlosen, den Flüchtlingen, den Migranten, den Kranken und Leidenden zu üben und Gerechtigkeit für die Verfolgten, Bedrängten und Bedürftigen zu suchen. Wenn wir uns dem Ruf unseres Nächsten verweigern, ja, wenn wir stattdessen unseren Nächsten schlagen und berauben und ihn am Wegesrand leiden und sterben lassen (Gleichnis vom barmherzigen Samariter, Lukas 10,25-37), dann sind wir nicht in der Liebe Christi auf dem Weg zum Reich Gottes, sondern haben uns zu Feinden Christi und seiner Kirche gemacht. Wir sind aufgerufen, nicht nur für den Frieden zu beten, sondern aktiv und prophetisch aufzustehen und Ungerechtigkeit zu verurteilen, um Frieden zu stiften, selbst wenn es uns das Leben kostet. „Selig sind, die Frieden stiften, denn sie werden Kinder Gottes heißen" (Matthäus 5,9). Das Opfer der Liturgie und des Gebets darzubringen und sich gleichzeitig zu weigern, opferbereit zu handeln, ist ein Opfer, das zur Verurteilung führt, weil es im Widerspruch zu dem steht, was in Christus dargebracht wird (Matthäus 5,22-26 und 1. Korinther 11,27-32).

Wir verurteilen daher jede Förderung des geistlichen „Quietismus" unter den Gläubigen und dem Klerus der Kirche, vom höchsten Patriarchen bis hinunter zum bescheidensten Laien, als nicht orthodox und lehnen sie ab. Wir tadeln diejenigen, die für den Frieden beten, es aber versäumen, aktiv Frieden zu schaffen, sei es aus Angst oder aus Mangel an Glauben.

6. „Wenn ihr in meinem Wort bleibt, seid ihr wirklich meine Jünger, und ihr werdet die Wahrheit erkennen, und die Wahrheit wird euch frei machen." (Johannes 8,3132).

Wir bekräftigen, dass Jesus seine Jünger aufruft, nicht nur die Wahrheit zu kennen, sondern auch die Wahrheit zu sagen: „Euer Wort sei ‚Ja, ja' oder ‚Nein, nein'; alles, was darüber hinausgeht, kommt von dem Bösen." (Matthäus 5,37). Eine groß angelegte Invasion eines Nachbarlandes durch die zweitgrößte Militärmacht der Welt ist nicht nur eine „spezielle Militäroperation", ein „Ereignis" oder ein „Konflikt" oder ein anderer Euphemismus, der gewählt wurde, um die Realität der Situation zu leugnen. Vielmehr handelt es sich um eine groß angelegte militärische Invasion, die bereits zahlreiche zivile und militärische Todesopfer gefordert, das Leben von mehr als vierundvierzig Millionen Menschen gewaltsam gestört und über zwei Millionen Menschen vertrieben hat (Stand: 13. März 2022). Diese Wahrheit muss gesagt werden, so schmerzlich sie auch sein mag.

Wir verurteilen daher jede Lehre oder Handlung als nicht orthodox und lehnen sie ab, die sich weigert, die Wahrheit auszusprechen, oder die Wahrheit angesichts der Übel, die gegen das Evangelium Christi in der Ukraine verübt werden, aktiv unterdrückt. Wir verurteilen aufs Schärfste jedes Gerede vom „Bruderkrieg", von der „Wiederholung der Sünde Kains, der seinen eigenen Bruder aus Neid tötete", wenn es nicht ausdrücklich die mörderische Absicht und die Schuld der einen Partei gegenüber der anderen anerkennt (Offenbarung 3,15-16). Wir erklären, dass die Wahrheiten, die wir bekräftigt haben, und die Irrtümer, die wir als unorthodox verurteilt und abgelehnt haben, auf dem Evangelium Jesu Christi und der heiligen Tradition des orthodoxen christlichen Glaubens beruhen. Wir rufen alle, die diese Erklärung annehmen, dazu auf, bei ihren kirchenpolitischen Entscheidungen diese theologischen Grundsätze zu beachten. Wir bitten alle, die diese Erklärung betrifft, zur „Einheit des Geistes durch das Band des Friedens" (Epheser 4,3) zurückzukehren.

13. März 2022

Sonntag der Orthodoxie